U0033830

復興聲華

蔣介石
事略稿本補遺

Supplements of the Chiang Kai-Shek's
Chronological Events

編輯說明

一、本書原件庋藏於國史館，屬蔣中正總統史料文件之一。原稿為毛筆書寫，經本社打字數位化，以利讀者參閱。

二、本書原編纂者孫詒，字兆梅，又字翼父，浙江奉化人。1939 年任軍事委員會侍從室書記，主要工作為編纂「事略稿本」。本書顯係隨手抄錄未收入「事略稿本」之重要文字，其編錄要旨，可自其「自敘言」中得之。

三、此一書稿共分八卷，時序上起於蔣介石幼年時代，迄於抗戰期間之1944 年；體例及內容不盡一致，有傳聞如口述史者，有嘉言鈔，更多的是蔣介石對時局環境的見解，以及對黨員、民眾的重要談話，均可補其個人文集、史料、文獻之不足。

四、本書成稿時間有其特定時空背景，為存史料之「真」，故遣詞用字悉依原稿刊印。惟異體字為便利閱讀起見，一律改為現行字，恕不一一標註。

五、本社重新編校時間倉促，舛誤之處不免，仍請方家指正。

目錄

編輯說明 I

自敘言／孫詒 1

卷一

總裁之家世及十六歲以前之軼事 3
顧清廉先生 6
立志革命學習陸軍 7
吳淞練兵 10
上書陳述歐戰趨勢及倒袁計畫 10
國民黨設總理之始 11
貽鄧鏗書 11
確定中國國民黨名義 14
師事總理彌謹 14
復胡漢民廖仲愷書 14
與戴季陶往來書 16
條示二公子矢志革命 19
廣州蒙難始末略紀 20
任東路討賊軍參謀長 24
赴俄報聘 27
與俄外長齊采論蒙古問題 34

卷二

上總理書 37
論共產黨問題 43

陳英士先生之待人 44
黨歌之來歷 44
戴季陶書一通 44
商團事變 46
革命軍連坐法 48
淡水、棉湖之戰 49
平楊劉 52
取消紅領帶 54
統一軍隊名稱 54
歡讌廣州市商界領袖時之重要演講 55
三民主義哲學之立足點 56
第二次東征惠州攻城之戰 57
為西山會議忠告海外各黨部同志 58
黃埔軍校之改組 60
中山艦事變 60
與伊萬洛夫司基談話 61
告誡學生及退出軍隊之黨代表CP 官長 62
對高級班訓話 71
就任國民革命軍總司令 72
復張溥泉函 72
汀泗橋之捷 75
攻贛鄂計畫變更之曲折 75
克復南昌之始末 76
南昌克復後在總部紀念週演講 80

卷三

講民族主義 83

往訪山本條太郎.. 83
始時行清黨.. 83
國民黨之立場.. 84
吳稚老面斥汪兆銘.. 85
鮑羅廷之瘋狂跋扈.. 85
獨立自由平等.. 86
徐州會議.. 87
十六年八月之下野.. 87
朝日新聞披露論對俄絕交文.. 91
十七年一月之復職.. 91
奉方突增兵津浦線.. 93
致書中央全體委員.. 94
對日本記者談話.. 95
繼續北伐時重要文告略述.. 95
克復濟南.. 97
濟南慘案.. 98
奉方傾向革命與張作霖被炸..102
與段祺瑞書..103
美國首與中國簽訂關稅關係之條約..106
從新土耳其說到中國之國策..106
各國注意五中全會..106
就任國府主席..110
編遣會議..110
革命之策略與真正革命者..114
指示農工運動..115
看墨索里尼傳略..116

國恥紀念不宜放假......117
奉安典禮......117
中國之前途與國人應有之覺悟......121
論軍閥......123
陳公博之罪惡與陰謀......123
中東路事件及聲明否認伯力協定之略述......124

卷四

民國十九年十月以前國內大勢略述......129
告西北部隊宣言......130
楊虎城......131
告各軍二電......131
吳稚暉先生言......132
夫人願將房產積蓄變充軍費......132
開始注重剿匪......133
中國由紛亂而進於治之先聲......133
孔夫人之雋語......136
行的哲學之基礎......136
對人做事......137
爭約法......137
對宣傳員訓話......139
琴風翁......140
提倡陽明學說......140
九一八......141
考慮備戰及講演擁護公理抗禦強權之道......144
與朱培德談對日外交方針......150
長公代覆孫電......150

電部屬阻止特殊組織及設置......150

卷五

二十一年初返京......153
一二八淞滬之役......153
重視偵探隊......170
看日本侵略中國計畫之感想......171
德量......171
二十一年之出任軍事委員會委員長......171
論尹奉吉事......173
注意統計制度......174
闡發致良知學說確定行的哲學思想......174
東京爆炸事件之推測與我國對日外交之標準......175
論日本武士道......176
國防之基礎......177
限制征用商船......178
致函大公報闢謠......179
諾桑會議與德國......179
與蕭一山論治道......180
與徐青甫胡汝麟談經濟財政......180
令改正民團組織以為實行徵兵制之過渡辦法......180
倭寇承認偽滿與中國統一......182
與顧維鈞談外交......183
聞日人將承認所謂滿洲國時之言論......184
經濟與教育......186
外交之策略——對李頓報告書之考慮......186
考慮時局......187

手書九要點告湘中教育界......188
函勉張學良......189
不贊同法西斯蒂主義之又一證......189
日人侵熱之始及我方對日策略之決定......190

卷六

熱河失陷之始末......193
塘沽協定之經過情形......203
國防委員會......208
注意儲才及戰時財政經濟設計......209
對於我國教育之主張......210
求氣節之中......211
電規韓復榘......211
作戰要言......211
參謀會議......212
對江西縣長會議訓話......214
用人之道......216
黨務工作人員必須深入民間......216
讀書方法......216
時間與空間......218
閩變時致汪電......219
閩變略述......219
發表對土地政策之意見......221
論越王勾踐與岳武穆......224
指示匪區善後......225
調查設計會議......225
不能耐閒......226

促成地方自治之五件事..226
禮義廉恥智仁勇..227
國際間對倭反響之始..229
感念陳英士先生..229
電慰黃膺白..231
為學之目的..231
新與舊..232
海會寺賞月..233
劃分中央與地方權限之五原則..................................235
到鄉村去..237
視察蒙邊——二百餘年來第一人..................................237

卷七

新生活運動發凡及綱要..239
十年來革命經過之回顧..253
大學之道..261

卷八

嘉言鈔..271

自敘言

創造民國為總理，總裁蔣公實復興之。是書所載，以總裁革命史略為主，間旁及其他，經以復興重史實也。夫其功在黨國，黨國自有秉筆者在，則是編所紀乃贅爾，故目之為贅筆。然欲因事以求跡，緣跡而明心，世或不以其為贅也而忽諸。

中華民國三十三年四月　孫詒

卷一

總裁之家世及十六歲以前之軼事

總裁蔣公中正，字介甫。原名周泰，字瑞元。學名志清。浙江奉化縣人。世居武嶺。武嶺蔣氏，其先出周公第三子伯齡。東漢時可考者，為函亭侯澄。其族系自唐時由台州遷至奉化之三嶺。五紀周時，有宗霸者，參乘盤山寺，師事布袋和尚，世稱摩訶居士。宋神宗朝，有曰浚明者，上書論君子小人之黨，豐稷薦之，官至金部員外郎。以直言遭邊謫，稷又因其母老爭止之，授無為軍司戶，改建康戶曹卒。累贈金紫大夫，入祀鄉賢。子琉與兄中奉，先後登進士，掌建昌，為張魏公所重，仕至朝清朝議大夫。曾孫峴登慶元二年進士，官至刑部尚書，以寶章閣學士乞祠歸。居恆自矢勿欺心、勿負主、勿求田、勿問舍，號四勿居士。至元季，曰仕傑者，始遷武嶺。仕傑之孫忠譚，自幼稟異質，度越流俗。術士吳國材謂其後當大蕃昌。至十二傳後，乃生總裁。

白忠譚公十傳至祁增公，孝田力田，不仕滿清，是為總裁之曾祖。祖諱玉表，考諱肇聰，字肅庵，代昭令德。妣王太夫人，撫孤持家，徽儀聿著。

總裁自幼即異常兒，茲將其十六歲以前軼事，最述于下。（以下於總裁字皆稱公）

四歲，忽發奇想，欲測知自口至會厭深度，戲以箸探之，梗不得出，暈絕，經醫救治始甦。昧爽，聞玉表公問：「孫得無啞乎？」亟于牀上躍起，曰：「孫能言，不啞。」聞者皆為咥然。

幼好戲，門臨清溪，險遭滅頂者再。五歲時，值冬季，見檐前缸水凍冰，圓明如鏡，喜極，亟撲取之，致身倒植缸中，久之始出，氣息僅屬。王太夫人憂之，請於翁，於次年即送入塾。入塾時，玉表公挈之往，將返，公搴衣而啼曰：「祖父忍獨歸，而金孫在此乎？」必欲隨之歸。玉表公拊慰之，乃已。

七歲，智識稍開，喜玩舞刀棒。嘩召鄰舍子，自為大將，部勒指揮之。或高視闊步，指畫天地，登壇說故事以為戲。

九歲，父肅庵公卒。

十歲，母王太夫人教以禮。將蒞禮事，詔之曰：「凡升降拜跪，必須與音樂節奏相應合，兒毋忘旃！」

聞塾師蔣謹藩講美國共和國歷史，至「大總統為國家公僕，出入扈從甚簡」云云，眾暗訝，公起立言曰：「大總統是一個人，平民亦是一個人，總統行動固應如平民」，師頷之。是時公僅十一歲，蔣氏以大器目之。

十三歲，從嵊邑姚宗元於葛溪外家王氏溯源堂，嘗命作竹詩，應聲成「一望山多竹，能生夏日寒」二句，姚深加讚賞。語諸舅謂「是兒悟力非常，若教養得法，前程無量」云。一日，竺紹康騎馬造館，與姚劇談，公注視良久，異其器貌軒昂。並愛其所乘馬，牽至野外放牧，百般戲弄，馬怒，突前齧公臂，血出仆地，而神色不變。

當舞勺之前，嘗有一相者，每年來鄉，必過公家，拊公而自言曰：「吾未見如此骨相，咄咄！此孩殊奇特」如是者不只一二次。後忽不至，王太夫人嘗舉其狀貌，以資談柄。

十四歲，往榆林戚家陳春泉家附讀。辭家時，母王太夫人訓之曰：「出門人應隨處謹慎小心，時時提防不測，先避凶險，慢言吉利，兒謹識之」。放學回家，太夫人常令隨其舅氏入山習勞，以練身體。平日勤操作，舁肥料以灌園，亦母子躬自為之。惡衣惡食不自恥。其家風勤儉如此！

十五歲，從竺景崧于畸山下皇甫氏家館，始學作策論。冬，結婚。婦家同邑毛氏，年長於公。太夫人以門祚式微，故早為完娶。俗例，新夫婦交拜畢，必獻茶尊屬，王太夫人感悽背眠而泣，公亦泣。已而起，訓之曰：「余自汝父逝世，撫育汝至今日成室，不知余有多少傷心事，願汝長大立業，不忘平日教養之苦辛也」。公涕泣面承之。

十六歲，從毛思誠學。毛授徒於巖溪故廬，公往從之。毛氏稱其戲嬉也，以講舍為舞臺，以同學為玩物，狂態不可一世，迨伏案讀書，或握管構思，雖百紛囂然於其側，冥無所覺，深嘆異之。是年夏，聞舉行童子試，好奇心動，往應之，親歷場規苛辱，痛詆滿清賤視士子，養成腐惰卑汙之習。旋聞廢科舉興學校，則大快。

鄉人言公少時，頗不授羈勒。好戲水，好野鬥，好與他童子角力。村童過其門，無識與不識，必欲與之較手力。或翹拇指握其掌上下之，或執手為拔河之戲，勇力冠諸童。故鄉里子弟，無不畏蔣家兒。然聞太夫人呵斥聲。則斂容重手帖然矣。其純孝蓋出於天性焉。

顧清廉先生

民國紀元前八年，公年十八，從鄞顧清廉遊。

顧先生，字葆姓，為鄞大師，生清之季世。嘗遊學日本，歸而無所遇，蓋厲於學。以貧窶，教授生徒終其身。讀書博聞強識，凡經學小學名法兵醫諸家言無不曉習。言性理必兼經世，平生服膺湘鄉曾氏，勸生徒多看曾文正公家書，謂詞淺露而意深長，情篤摯而理平實，甚有裨初學云。

先生教人，必明以為學之塗轍，及變化其人氣節。察公器識異等，獎勉甚至。講任之餘，又以周秦諸子、說文及曾文正書授之。並特勗之讀孫子。平居好談革命，及時政得失，嘗言：「青年遇大成求新，以有造於國家，當出洋留學異邦」。時奉化已設立龍津中學堂，因諷公入中學，相機出洋，以資深造。故公次年遂辭先生而入龍津中學堂。四月，東渡赴日本。其後公嘗曰：「吾奮志革命始於此，通曉讀書法，窺見學問門徑，亦始於此。」

先生為學，務求實用。往讀之書，眉端行間，朱墨爛然。評論講貫，皆有條理。惟不好著書，門弟子為之著錄者亦甚鮮。子二人，皆先卒，晚境蕭然。身後即手所點校批註之書，亦多散佚。今其著述，略可舉數者，惟仁術說一篇，暢衍孟子之義，指切當世之癥結。又有大人小人圖，以明切之詞，趣人猛省，皆為有功世道者，非徒作也。

竊觀先生平日之所致力，未始無意於用世也；而及身不克有所施，寧不可惜！然其未發之緒，一發之於公，以之康濟斯民，而極宗國，方興而未有艾，則先生之學之傳於世，亦即無竟矣。

立志革命學習陸軍

民國紀元前七年，公十九歲。春，入邑城龍津中學堂。未三月，即決請出洋留學，並立志革命。時風氣未開，親屬及戚舊，多沮尼之。公乃自剪髮辮，託人致於家，以示決心。於是全族以為大不敬，公漠然置之。王太夫人雖不忍孤兒遠離膝下，然以公志決，且舅氏孫琴風翁亦勸之，卒從其意，資遣留學日本。四月，乃東渡。

公志在學習陸軍，以例須由本國陸軍部保送，故改入清華學校。未一年，回國，入保定軍官學堂。先是各省督練公所招生甄試，浙省額六十名，報考者千餘人，除武備弁目等校保送外，僅餘十四名，公獲取錄。迨舉行入學試驗，公適患病，幸亦及格，遂得進校肄業。爾時，滿漢畛域甚明，同隊中惟公無辮，滿人愈益注目，公亦時加警惕，深自韜晦。一日，日本軍醫教官，於講授衛生學時，捊取一立方寸之土置案上，謂學生曰：「這一塊土，約一立方寸，計可容四萬萬微蟲」。已復曰：「這一方寸之土，好比中國一國，中國有四萬萬人，好比微生蟲寄生在這塊土裡一樣。」公聞而憤不可遏，急趨案前，將土碎為八塊，瞋目還問之曰：「日本有五千萬人，是否亦像五千萬微生蟲，寄生這八分之一之立方寸土中。」日本教官為之瞠然。有頃，指公頂大聲叱曰：「你是否革命黨？」公憤然曰：「只問你譬喻對不對，不要問這題外事。」日本教官無可置喙，立愬總辦趙理泰，請予嚴懲。趙氏以曲在日本教官，僅轉令監督曲同豐訓斥了事。

民國紀元前六年年終，陸軍部就堂選留日陸軍學生。公以非日文班，不得與。乃上書自述，請准一體受試，總辦允之。深夜有人提燈傳令，公從睡夢中驚醒，喜甚，不復成寐。待曉，隨場應試，各科皆及格。次年春，送往日本，學習陸軍。於是公惟一之志願遂矣。

公第二次東渡赴日，入振武學校肄業。校在東京牛込區。依例，陸軍部遣送留日本學習陸軍之學生，須先入振武學校三年，卒業後，再入聯隊為士官候補生。公在校，奮志學業，戮力革命。嘗以小影貽其表兄單維則，題詩其上曰：「騰騰殺氣滿全球，力不如人肯且休，光我神州完我責，東來志豈在封侯。」可見當時意氣之盛。

民國紀元前三年，冬，卒業振武學校。升入日本高田野砲兵第十三聯隊，為士官候補生。師團長岡外史、聯隊長飛松寬吾，對公均甚優遇。然日本兵營階級至嚴，待下尤酷虐。其時天氣沍寒，雪身丈餘，朝操刷馬，夕歸刮靴，苦役一如新兵，公惟益自振奮，曰：「將來戰場生活，其苦楚當不止如今日而已，是固亦尋常耳。」其堅忍耐苦如此！

參加革命運動，始于在肄業清華學校時。是年在東京識陳其美英士，並廣交中國在東志士，又因英士識總理於日人宮崎家中。總理始聞英士盛稱公之為人，可與共大事，亟欲往晤。及公與英士同往見，總理不俟寒暄畢，即曰：「此即蔣介石君乎？」蓋覩其丰采，決為非常人，故不待問而知為公也。是夕深談至夜分始別，自是凡有所規畫，公罔不與聞。至入振武學校後，乃加入同盟會。其時日政府承清廷意志，取締留學生革命極嚴厲。然公每星期日，必與黨中同志密會，籌議革命機務。遇暑假告歸省親，歸輒淹留滬上，與諸同志謀擴充黨勢，營救入獄同志，從事於革命實際行動甚力。

當公入振武學校之次年，國內革命勢力日起。會中諸同志，聞鎮南關、欽州、河口等處，迭舉義師，或奮袂請行，或傾囊輸助，勢甚熱烈。黨中以公學習陸軍，期望大，未令回國參加戰役。辛亥，公在聯隊。夏，託故假歸，與陳其美在滬，密規舉義江浙，至八月中旬，始東渡。未匝月，得武昌起義之報，公乃不告而歸，與同伍生張群、陳星樞等微服走長崎，登輪回國，與陳其美規畫恢復江浙事。

公之革命動機，早年聞蔣謹藩講美國共和國歷史時，實已啟其端。及從顧葆性先生學，先生每集諸生徒談國事，常稱道總理謂「中國革命黨魁孫某，如何如何」云云，公輒用神馳。又聽其述總理被囚倫敦中國公使館，友人為待聘律師辯護得保釋之事，甚贊英國法律平等，不覺喜舞，遂有革命之意。會縣官令甲首中戶攤賠無主滯糧，及公家，莊書嗾里滑故苛派，差役票傳公到案，勒迫承認，王太夫人以為奇辱，而公感貪汙之苛虐，與土劣之橫暴，益憤。故自述其革命之動機，實決於此，蓋有以也。

吳淞練兵

民國元年八月，中國同盟會改組為國民黨，開成立會於北京，公甚以為不然，以其內有統一共和黨、國民共進會、共和實進會、國民公黨等，分子太雜也。私言於陳公英士曰：「吾同盟會以革命為職志，滿清雖覆，袁世凱居心叵測，革命未可謂成功。遽與他黨合流，黨人競於權利，非黨國之福也。」陳公語：「總理亦不謂然。」公乃率兵一團離滬，至吳淞，昕夕訓練，以備非常。陳公撰聯贈之，所謂「安危他日總須仗，甘苦來時要共嘗」是也。

上書陳述歐戰趨勢及倒袁計畫

歐洲大戰突起時，公在東北，得報之第二日，即上書總理，陳述歐戰趨勢及倒袁計畫。略曰：

「今奧塞開戰，俄國既首當其衝，則法國萬難坐視，此勢理所必然者也，若英國不於此時參加戰局，而猶守中立，則三國協約之精神，即由此失卻，而不能見效。將來英國對於歐洲外交之地位，將陷于孤立無援，四面楚歌之中，今以德國對於其同盟奧國之態度，尚未顯著，此其所以不出諸極端挑戰行動，而其內部實行動員之積極，或不稍減於俄、法諸邦乎？默察大勢，世界大戰，已箭在弦上矣。此次歐戰時間，延長一日，即袁賊之外交勢力，薄弱一日；範圍擴大一部，即吾黨之外交關係，勝利一步也。若吾黨不於此袁賊親西排東之外交失敗期內，乘勢急進，則時不再來，後悔莫及矣。如全歐紛事一起，則列強對於東亞之外交，必難兼顧。吾知日本必於此期內，竭力伸張其勢力，以鞏固其將來在東亞外交上之地位，此其暗排袁賊之陰謀，所以不能不實施其明助我民黨之策略也。」

此言歐戰趨勢，與我國之影響。以下言倒袁計畫，曰：

「本黨今日之進行，以統一各省革命計畫，確定全盤整個之方案。集中一點，注全力聚精銳以赴之，是為今日第一之急務也。是故多方起事，不足分袁軍之兵力，徒墮本黨聲威，且喪本黨之元氣耳。此中正今日所陳之計畫，是以不敢超出於軍事範圍之外，以力矯過去不規則之弊也。」

此段實為徵前毖後之論。以下言革命可為根據之地，及可用之軍隊，地與人，均注重於浙江。其後十五年出師北伐，部署軍隊時，獨令何應欽坐鎮潮梅、汕頭，由閩出浙而定滬寧，蓋猶是一貫之策云。

國民黨設總理之始

民國三年七月，總理在日本，組織中華革命黨，開成立會於東京。初，於六月間先開選舉總理會，孫中山先生當選為總理，是為吾黨總理之始。

貽鄧鏗書

公自民國七年任粵軍第二支隊司令官後，以陳炯明內寬外忌，難與共事，鄧鏗又遇事刻深，不能諒人，故公態度消極，於次年春，迭上二書求去。書並貽鄧鏗者，茲錄第一書於下，曰：

「仲兄（鄧字仲元）惠鑒，吾輩相守以信，相與以誠，所知無不可言，所言無不可盡，固非世俗泛泛之交可比，倘緘默隱忍，則去朋友規勸之義益遠矣。頃以思歸之急，所言為免不恭，知我如兄，想能見諒。鄙見以為吾輩作事，規模不患其不宏遠，而患其散漫；思慮不可不求其周密，而恐其固蔽。凡人之指摘我輩者，必有授人以指摘之隙，要當切己反省，則攻擊實為祛疾之鍼砭，反對正是吾輩之師資，豈得以逆耳之言，而置之不納乎？若自反而縮，內無疚於神明，確是非毀譽成敗利鈍，胥無所動於中。若弟之過，足下知之而未明言，弟亦自知其過，而不能速改，是則弟皆以為恥者也。自弟組織支隊以來，毫無整頓之氣象，坐耗餉需，能不愧怍？揆厥原因，計有二端。現成部隊，既不能另自選將練兵，又不能如意整頓革新，平時或受撫循，臨陣則不聽指揮；欲圖更張，則枝節橫生；以是因循至於今日而不可收拾者，一也。支隊組織之始，舊人難覓，人才缺乏，內部官佐半係勉強充數。及乎職員委定之後，屢思易人整理而不可復得，故每每措置乖方，不得收指臂之效者，二也。此皆弟朝夕引為憾事，甚望支隊及時取消者也。此外尚無越出範圍之舉，所置人員，謹守寧缺無濫之戒。多設差遣四人，即為馬弁之用，委員六人，分任職務，謹足敷用。上尉副官至今仍缺一員而未補，上尉參謀至本年二月而始補。至如中校參謀，自鄧君去後，亦為慎重人選節省經費起見，不敢再補。至多用幾名委員，以補助參謀副官之任務，去重就輕，於經濟上幾費躊躇，總期無冗員無浪費，綜覈名實，循規蹈矩，不敢稍萌矜張之氣，以妨礙學養。乃仍不免有求全之毀，甚矣三代以下無直道也！聞者不諒，據之以為考成之秘訣，相人之導竅，則中施者之計矣。足下以為然否乎？足下處事以謹慎而轉入收斂，其病又生狹隘偏窄。然對於弟，則極足下海闊天空之量矣，然而猶未足任其翱翔也。足下對他未必如弟也，他人亦未必如弟之能原足下也。每聞人言足下有伯夷之隘，所謂君子之過，人皆見之者非耶？此其故由於足下嫉惡過嚴，涇渭太分耳。弟亦時有此病，而轉以規足下者，蓋不忍知而不言，言而不盡也。老子以諂諛我者為賊，子路人告之以有過則喜，我思古人，實獲我心，願我輩互相警戒，互相勉勵，則寡過之道，為善之機，胥在乎是。弟雖不勇，然願足下有以教我，則收友直之益多矣。」

發書後於鼓浪嶼寓中乃發辭第二支隊司令呈文。其第二書中有曰：「今日辭退，若不掛印逕行，則無論公呈私函，必無效果，徒著一層痕跡而已。但今日拂衣以去，不惟無以對上官，亦即無以對部下，且吾輩事業，豈止於此，來日方長，可以效力者，正復不少，焉敢輕以自絕？故特縷述下懷，千祈為我懇切疏通。」亦可見公當日之苦心。而於日記中自言其辭職之本意，則謂純係出於人格與良心問題，曰：「彼以其勢，我以吾道；彼以其利，我以吾義；道義能戰勝勢利，故志廣心明，而無所罣礙也。」當時之環境，於此又可推知。其後鄧鏗卒為陳炯明所害，則公之亟亟求去，為出於不得已，亦益明矣。

確定中國國民黨名義

民國八年十月，上海黨本部議決，中華革命黨仍改稱中國國民黨。本黨之名義，至此時始確定。

師事總理彌謹

公八年秋歸後，寓滬較久，至次年四月，始再赴漳。在滬常遇總理談黨務及國內時事。總理則恆對公縱談歷代之興亡得失，關於清代建國規模之宏遠，與其勅諭法典之精深，尤詳加指示。

一日，往謁，值日友岡本理治在坐，總理遽離席介紹之，譽不絕口，公為之面赤。

平日，凡公私讌會，總理待公，皆以賓禮，公則師事彌謹。

復胡漢民廖仲愷書

自民國八年後，公感環境之惡劣，往往旋出即歸。九年秋，朱執信遇害後，總理電公嘗曰：「執信忽然殂折，使我如失左右手，計吾黨中知兵事而且能肝膽照人者，今已不可多得。惟兄之勇敢誠篤，與執信比，而知兵則又過之。兄性剛而嫉俗過甚，故常齟齬難合，然為黨負重大之責任，則勉強犧牲所見而降格以就，所以為黨，非為個人也」，言之可謂懇摯。然公於是年冬卒又歸，各同志均書函交馳紛請出山。次年一月，公乃並作一書，以復胡漢民廖仲愷，陳述己意。略曰：

「疊接函電，領悉一是。稽遲未報者，有以郵達遭誤，及弟見時，他友已為我代答者，因成刺激，觸發牢騷者又是一端。元冲來書，約我赴歐，引起我最初之興趣，而徘徊今日之行者，是亦不無影響也。季陶造舍，詳述粵情，心始釋然，本可摒擋一切。惟專橫太甚，不容置一喙，因之激成憤怒，又起我不願問世之心，事後思之，實堪自笑耳。總之，弟對黨對友，不敢存一分偷安之心，亦不敢作絲毫矜張之氣，而於愛我諸公，更不願有些微敷衍客氣之意，以自暴棄。即對仲兄之函，時形不遜之詞，殆亦自託摯交，率性直書，無所隱飾，不敢效世俗浮泛之狀，以自負良知。兄等愛我，諒能曲宥。弟對粵事，終抱懷疑不安之態，孫先生督師，更不放心。如此主張，係由孫先生自動，以為將來改組軍府地步，則現在何須督師為耶？蓋第一，以基本部隊不多，稍有挫失，易致動搖。許軍雖眾，其自練可靠者，亦實無幾。第二，粵軍將領，性質複雜，程度不齊，一經直接指揮，諸多困難。竊恐感情弄惡，則基本盡壞，不可復問矣。如此言出諸競存（陳炯明）則其計更差。今日競存對先生，如當作二人看待，則一場無結果，又可斷言也。」

以下籌援桂之計，謂必須許鄧洪三部同時動員，方無為有濟。書中又言須陳炯明任總司令，以粵軍官長，此時非陳不能調度也。此書所言，直接影響以後時局甚多。陳炯明跋扈之勢已成，其不誠於總理，公不啻亦先見其朕矣。

與戴季陶往來書

公回里後，諸友紛勸不出，戴氏特來奉城力促之，公意不悅，因與之爭。後乃兩致書自表歉意，戴氏亦致書復之。公一月五日書曰：

「日前一劇開場之初，實以兄聲色俱厲，不容我置喙餘地，太予人難堪。兄固愛我者，凡有勸解，無不順從。然弟素性急躁，平時對人，又欠恭敬，而對兄則十分忍耐。故於吃虧受氣之餘，不知不覺之間，醞釀之久，是以爆發於今茲患難相共甘苦同嘗之日。事後思之，自愧更又自笑。為人不自愛惜，暴棄傲慢，一至於此，有何面目，以對良師益友耶？茲引曾滌生戒其弟沅甫與彭雪琴相爭時之家書一節，以為我二人取照寶鑑。則往後交誼，亦加深摯，未始非因此而玉成也。尚祈曲宥愆尤，不吝教益，幸甚。」

戴氏得書後，作長函復之。曰：

「尊書敬悉。是日弟不自知何所開罪於兄？惟自信對兄為一腔熱誠，即勸兄赴粵，雖屬為公，亦有一半係為兄個人打算。無故而逢兄之盛怒，意興索然，自怨多事。回湖舟中，猶覺餘痛在。弟此次回滬以來，曾為粵省擬成數萬言之法律案，今尚有數案，在起草研究中。學究能事，本僅有此，雖曰偷安，尚足自恕耳。赴粵一層，早晚必行之，惟目前則研究事項，粗具條理，不欲便又棄去，從事旅行。非欲終作潛園（在浙江湖州）寄客，以君平自命也。而兄則與弟情形有不同者，兄之活動範圍，乃在直接擔當方面之任務，閉門家居，僅可云自了而已。前日兄云：『促我出山作事，是促我之壽命』，（復書說明此二語誤會見下）此語弟聞之頗痛。蓋弟亦大以此為慮者，俗語云：『江山易改，本性難移。』兄之自我之強，有不可當者。然而杯酒失意，輒任性使氣，不稍自忍，以此處世，深虞召禍。即不然，亦足礙事業之成功。時非上古，焉有人能為兄之諍臣，日事起居注者？即有之，又惡能必兄之德行，則辭家萬里，擔當國事，禍患之來，常為人所不能知者，苟兄非確能堅忍自持，致意於中正和平，日以此意三復之，則弟非不愛兄者，又焉敢苦勸兄之出山耶？弟年來力勸兄之赴粵者屢；自信為愛兄故，前日聞兄之言，思之至再，遂不敢復有所勸，亦自信為愛兄故。兄函恐弟有餘憤，弟之對兄，惟有一愛在，愛之變體，成為痛則有之，決不成為憤也。至於忍耐沉靜，以中正和平自持一層，即兄家居亦宜如是。兄試思之，先生之事業，自始之終，日日趨于成功之一途，自其主倡革命以來，其所持主義，在中國之推行，進步之速，或較各國之革命史上成績為優。然先生之所長何在也？靜江與弟，皆認忠孝和平，為先生唯一優點。吾人從未見先生以己所不欲者施諸人，亦未見先生在私人關係上，對人有絲毫怨仇之心，而不嗜殺人，尤為國中與全世界政治家所僅見者，中正和平四字，殆其生性。其他思想學問識見之優長，皆不過為涵養其偉大人格之工具，而決非其偉大人格之本質也。吾人日與先生處，而能見及此點者，已為不多，能學得此點者更少。執信亦同輩中之一特殊人格，然與先生根本不同之點，則在於此。弟深知之，而不能望先生之德量於什一。非不欲學也，質不如也。然甚願與兄共勉學之耳。今日覺生函來，先生又有電催兄去，展堂二次來函，皆殷殷注意。此皆愛兄之深者，決不宜以為害兄而漫置之也。」

公讀書，如不勝情，乃報以第二函曰：

「十四日來教，語語悽激，讀竟泫然不知為懷。間有一二，意含譏刺，尤語人以悚惕。吾謂孫先生待友，其善處在簡直痛快，使人在畏威感德。靜江待友，其善處在不出微言，使聞者自愧。而兄之待友，限格太嚴，鋒鋩太露，度量不甚寬大，此其所以少遜於孫先生與靜江也。然兄之待吾，私愛之厚，道義之深，有過於孫先生與靜江之待吾者。而吾之待兄，固亦奉為畏友良師。然而敬憚之心，終不能如對孫先生與靜江者。其故雖由年齡相若，忘形已久，習慣自然，然兄之好惡偏宕，感情用事，詞氣時涉矜厲，是亦其大端也。粵中自成風氣，孰有如孫先生之以誠待人者，而其內容複雜，有非吾兄所能盡悉。如以對我個人言之，則揮之使去，招之使來，此何等事，而謂吾能忍受之耶？氣度太褊狹，則或有之；然吾人妄自尊大，固不可；輕自菲薄，亦何可為耶？趨炎附勢，夤緣於權豪之門，貪位戀棧，乞憐於無情之友，是豈吾輩自重黨員人格之道乎？來函謂我有促我出山作事，是促我之壽命一語，此係兄誤聽弟言，或誤會弟當時之意也。弟當時只言我性質暴戾，不適合於世，必離隔朋友，獨居深山荒野之間，或可延長命運云。此蓋弟因兄平日規戒之言而有感，自恨任性使氣，處世動輒得咎，不如巖居穴處，或可免於隕越。是亦自怨性躁，並非怨兄促我出山，而我亦惟以出山為懔懼，並非不願出山之語也。總之，弟不願自居偷安，亦決不願自外於世，避讒畏怨，是或有之，而貪生怕死，則未之有也。澈底之事，根本之計，則樂為之；不實之事，無益之舉，則不樂為也。弟處世之病，在乎極端，故有生死患難之至友，而無應酬敷衍普通之交好。所言如此，所行亦如此，於此則或有江山易改本性難移之感慨。至故交之督責，親友之規勸，則嚶嚶鳥鳴，惟恐求之不得，豈有不肯樂從者，吾之取重於兄者，增我智識，長我學問，助我事業諸益，尚在其次，而在不客氣，不敷衍，規勸督責，不稍假借，時時能導我以正，強我從善，此弟之所以不能須臾離兄者。而兄之所以不輕棄於弟者，諒亦不以弟侮慢為罪，而終望弟有成業之一日乎？吾甚願吾兄規勸不怠，吾尤望吾兄為我之孫先生與靜江，則中正或能變化氣節，而漸進於道義。凡人之善惡，以環境造成為多，本性亦未始不可移易耳。赴粵決以援桂動員之日為期，未知我兄能否同行？」

互觀之，可見公與戴公交誼之深。

條示二公子矢志革命

民國十年六月，母王太夫人卒。十一月，喪葬畢，公以此生無所顧慮，更可致力革命，為國犧牲。乃決心再出，誓終身護總理，報答知遇，實行平生之志。爰連日處理家務，與妻毛氏，妾姚氏，宣言脫離家庭關係，並析定二公子家產，於十一月二十八日夜，詔二公子至前，施訓詞，授條示。

條示曰：

「余葬母既畢，為人子者，一生之大事已盡。以後乃可一心致力革命，更無其他之掛繫。余今與爾等生母之離異，余以後之成敗生死，家庭自不致因我而再有波累。余十八歲，立志革命以來，本已早置生死榮辱於度外。惟每念老母在堂，總不便以余不肖之罪戾，牽連家中之老少，故每於革命臨難決死之前，必託友好代致留母遺稟，以冀余死後聊解親心於萬一，今後可無此念。而望爾兄弟，親親和愛，承志繼先，以報爾祖母在生撫育之深恩，亦即所以代余慰藉慈親在天之靈也。余此去何日與爾等重敘天倫，實不可知，余所望於爾等者，惟此而已，特此條示經緯兩兒謹誌毋忘，並留為永久紀念。父泐。」

十二月，起程往桂林。

廣州蒙難始末略紀

民國十一年六月，總理蒙難廣州，公自甬奔命赴粵，有孫大總統廣州蒙難記，此中詳情，無俟殫述。茲惟敘蒙難之前因，及蒙難以後脫險至滬之大略於此。

總理於民國十年五月五日，就任為大總統。先是，黨中以外交緊急，不可無政府應付，且亦非此不足與北京政府對抗，群議選舉總統。公於是年三月初，曾上書總理，於注重外交一點，歷舉二年、五年兩度革命，及七年督率海軍南下借助外交不足恃之事實為證，謂早選總統，未必有利，惟有以蘇俄自主自強為師法，則內部鞏固，實力充足，自有發展之餘地。而對內則注重軍事，略謂戰事苟能順利進行，統一中國，固非難事，若以選舉總統之後，黨見隨以歧異，內部因之不一，西南局勢，亦頓形渙散，仍蹈民國七年之覆轍，則所謂對抗北京政府者亦何有？且舉所聞北方消息，以告總理，謂有伺南方選舉總統，從而施以攻擊之說。至論及廣州則直言陳炯明不足恃。其言曰：

「先生之於競存，祇可望其宗旨相同，不越範圍。若望其見危授命，尊黨攘敵，則非其人，請先生善誘之而已。」

至四月，國會議員集議，卒取消軍政府，設立建國政府，選舉總理為大總統。總理乃於五月五日，宣告就職。

公是月中旬奉命赴廣州，留數日遄歸，即丁王太夫人艱。總理致電弔唁後，隨馳電奪情，諸同志亦紛紛相勸，至九月乃起程。抵廣州，謁大總統後，即往南寧，見總司令陳炯明。炯明相見後，問公曰：

「君何以甘心與現選為大總統孫先生共事？」

公氣結不知所言。既出，即搭船離邕回廣州。舟中，作書貽炯明，極意稱孫先生之偉大。公因知炯明不可恃，然不料其遽離心至此也。於是乃再謁總統，與胡漢民、鄧鏗等，在許邸開秘密會議，決定第二軍取道湘南及出發日期。會議後，即歸。

十一年三月，總理以陳炯明背約，不與接濟，又暗殺鄧鏗於廣州車站，乃召開緊急會議於大本營。議決潛師回粵，改道贛南北伐。軍事布置既定，總理於四月由桂林回廣州。炯明聞訊，來電質問。過梧時，致電召之，竟不至。是月二十三日，總理抵省城，炯明以其親信軍隊在邕，不敢抗命，電請辭職，總理留任陸軍總長，不受，避往惠州。未幾，葉舉等通電由邕還師廣州。

公於總理安返廣州後，即辭歸。總理初聞公有去志，特至行館挽留，有「此時君若去，則我與汝為，機能全失，人無靈魂，軀殼將何用」之語，公不忍復言辭，然其後卒離粵。於輪次，寫寄陳炯明書。先謙其突然辭職，乃至無可挽回，隨聲明己之立場，謂惟有獨行其道，不復預聞內部事。而後乃以大義告知，曰：

「如為吾公個人計，則當力勸高蹈，暫時不出。而為大局計，為民黨計，又為個人之過去與將來之關係計，似不能固執己見，違反前議，是則猶願吾公統兵北伐，不即全身引退為得計，蓋公與私，前與後，不能不兼顧兩全也。」

又曰：

「中正以為如吾公主觀過深，則本黨前途，愈趨混沌，無論其結果如何，必致兩敗俱傷，演成不可思議之禍害。」

又曰：

「吾公如欲消滅痕跡，免除內訌，舍再出任重以外，別無妙法，以此而論，則吾公不能不出，且不能不速即表明態度，服從孫先生之主張，帶兵北伐也。」

公固以黨國為重，而此書之所告炯明者，則亦可謂能愛人以德矣。昭知言之必無效，故又函許崇智，亟亟以先定粵局為言。而炯明至六月十六日遂發難。

總理於四月下旬抵廣州，旋即回韶州大本營。六月初，逆部屯集省城及白雲山等處者，日謀響應北吳，粵垣一夕數驚。總理因令胡漢民留守韶州大本營，而自率衛士，回駐廣州總統府，一面亟電公促速至粵相助。公以王太夫人小祥期近，未即赴命。設祭之日（六月四日），哀戚之餘，益復以國事為念。數日後，又得張繼電，愈覺不安。張電略曰：

「我兄應速出山，設法將粵局鞏固。先生既到廣州，是否無危險，同人殊為懸念也。」

公時在寧波寓中。及十六日上午三時，廣州逆部洪兆麟率隊圍攻總統府。秘書林直勉等，挽總理出，抵海珠海軍司令部，司令溫樹德導登楚豫艦，後改乘永豐艦。十八日以蔣緯國名致電告急曰：

「寧波江北岸引仙橋十號蔣緯國先生：事緊急，盼速來！」

其用次公子名者，守秘故也。同日，林業民等亦有電告。公於二十日，乃貽書張人傑，託以後事及二公子，灑泣登程。

二十九日，公抵粵海，見總理永豐艦中。是夕，訊談前昨事及各方情況，至夜公乃已。

七月初，叛軍謀襲長洲，賄買海軍內變。八日，海圻、海琛、肇和三艦，叛離黃埔，九日，海軍陸戰隊孫祥夫所部降逆，長洲要塞被佔。十日公以長洲已失，無險可恃，力勸總理率各艦馳往省河。乃即率令各艦，隨侍總理通過車歪砲臺，逆軍以車砲射轟之，中六彈，艦身震動。公亟勸總理移下艙，仍自守舵樓。有勸其暫避者，不顧，惟注視時針，道逾二十分即可出險也。抵沙面，諸同志皆來慶慰。

八月初，公以我軍戰事不利，韶關未復，贛南復失，南雄不保，第一師降敵，前方基本軍隊已失重心，戰機無法挽救，因勸總理即離廣州，另圖發展，乃於九日由白鵝潭乘英船去港，次日改成俄國皇后號郵船歸滬。十四日，抵上海。

所著孫大總統廣州蒙難記，於九月中旬脫稿。總理序之，曰：

「陳逆之變，介石赴難來粵，入艦日侍余側，而籌策多中，樂與余及海軍將士共生死，茲紀殆為實錄。亦直其犖犖大者，其詳乃未遽更僕數，余非有取於其溢詞，僅冀掬誠與國人相見而已。余乏知人之鑒，不及豫寢逆謀，而卒以長亂貽禍，賊燄至今為烈，則茲編之紀，亦聊以志吾過，且以矜吾海軍及北伐軍諸將士之能為國，不顧其私，其視於世，功罪何如也？民國十一年雙十節孫文序於上海。」

公亦有自跋，皆沉痛語，及斥炯明之言，茲不著。此次蒙難，公自隨侍總理出險後，調度青年將士，應付叛敵，雖逆方毒計迭施，而公日夜提防維謹，指揮若定，履險如夷，氣魄雄毅，罔所屈撓，其後日勳業，蓋已肇端於茲時矣。

任東路討賊軍參謀長

民國十一年十月十八日，總理任公為東路討賊軍參謀長，公到閩後，入第二軍部辦公。東路討賊軍計分三軍，許崇智為討賊軍總司令，兼第二軍軍長。黃大偉為第一軍軍長。李福林為第三軍軍長。公受命後，本力以任勞任怨自勉，然以感於困難，不能久居，致函張靜江、胡漢民等表示消極。總理聞之，亟致電曰：

「介石兄鑒：接函甚愕。我以回粵討賊重任，託汝為兄。無論如何困難，終須完此任務，方能釋肩。萬勿輕去，以致僨事。如有阻力，當隨時為兄解除，仲愷即來相助。」

時十一月中旬也。實以當時軍中內部情形複雜，未事則不能言，既事則不可為，故雖欲不表示消極而不得。二十四日，第一軍軍長黃大偉，因改編事，與總司令衝突。公勸其暫避滬，乃伴之啟行。適廖仲愷齎總理之手諭至，會見於馬尾某輪中。總理此諭，勉之尤至。曰：

「介石兄鑒：頃見兄致展堂、季新書，有『十日內如毫無進步，則無可如何』等語。吁，是何言耶？吾不能親身來閩，而託兄以討賊之任，兄何能遽萌退志如此？夫天下之事，其不如人意者，固十常八九，總在能堅忍耐煩，勞怨不避，乃能期于有成。若十日無進步則不願幹，則直無事可成也。就如來信云云，子蔭（黃字）當來滬，此事已不成問題。則內部之大難題，已得解決，則進步為極大矣。其他紛繁小故，何足介懷？縱我無進步，而敵則日日退步，如敵軍將士之日有覺悟也，敵人之團體日形瓦解也，百粵人心之恨彼日甚也，思我日深也，此即日日之無形進步也。由此以觀，我能堅持，便等進步矣。故望兄切勿稍萌退志，必期達滅陳之目的，而後乃能成一段落。非然者，則必百事無成也。兄前有志於西圖，我近日在滬，已代兄行之矣。現已大得其要領，然其中情形之複雜，事體之麻煩，恐較之福州情形，當過百十倍，此無怪吾國之志士，乘興而往彼都者，悉皆敗興而返。吾幸而得彼津梁，從此可日為接近。然根本之辦法，必在吾人稍有憑藉，乃能有所措施。若毫無所憑藉，則雖如吾國之青年共產黨，與彼主義完全相同矣，亦奚能為？所以彼都人士，只有勸共產黨之加入國民黨者，職是故也。此可知非先得憑藉不可，欲得憑藉，則非恢復廣東不可。此次廣東一復，則西南必可統一，如是，便可以西南數省為我憑藉，則大有辦法矣。此次土耳其革命黨之成功者，此也。故兄前志之成否，則全在福州之一著也。能即進而滅廣州之賊固善；如其不能，則保守福州而堅持，亦為一進步也。蓋有一日福州，則我有一日之憑藉，外交內應，皆可以此為背景。倘並此而無之，則我不過為租界之一亡命客耳，奚足輕重？故兄能代我在軍中多持一日，則我之信用可加多一日，故望兄為我而留，萬勿以無進步而去。兄忘卻在白鵝潭舟中之時乎？日惟睡食與望消息而已，當時何嘗有一毫之進步，然其影響於世界者何如也？今則有我在外活動，而兄等在福州，則為我之後盾也。有此後盾，則我之計畫措施，日日有進步，或者不必待兄等之恢復廣州，我計畫已達最後之成功，亦未可知也。故兄無論如何艱苦煩勞，必當留在軍中，與我之奮鬥相終始，庶幾有成。外間日日之進步，非紙墨所能盡，仲愷來，當能略道一二。總之，十數年來，在今為絕好之機會，吾人當要分途奮鬥，不可一時或息，庶不負先烈之犧牲、國人之期望也，千萬識之！」

案時總理已命戴傳賢入川撫慰各軍。所謂西圖，當指對川等問題，公於民國六年撰對北軍作戰計畫，已深注意於此，故總理舉以慰之也。公是日返滬後，時往返滬甬間，至十二月中旬再赴閩。

十二年一月初，陳炯明攻退肇慶滇桂軍，旋滇桂軍反攻，炯明棄城退廣州，而三水河口又連失，乃於十五日通電下野。明日，炯明率部奔惠州。討賊軍夤夜入城，電迎總理回粵。

赴俄報聘

民國十二年四月，總理允公辭公東路討賊軍參謀長後，任為大元帥行營參謀長。就任以後，陳獻決策，草檄批牘，籌戰守，饋餉糈，出隨車駕，入掌樞機，日不暇給。至七月初，公默念苦持軍事，怨忌交集引退為安，而一念總理知遇之深，則又猶豫。後於中旬辭歸。八月初，秉承總理意旨，約蘇俄代表馬林，及張繼、林業民等，籌組孫逸仙博士代表團赴俄報聘，並考察政治及黨務。與公隨行者，有沈定一、張太雷、王登雲等。

一、赴俄途中

八月十六日，由上海輪行三日，經大連灣登岸。公謂「不啻一幅橫濱縮影。華人聚居者約二萬人，訴訟皆聽於日人，並會審公堂而無之。關東州不能設一中國學校，又不能派一官吏，並不能如在外國置一領事，可痛！」十九夜，搭南滿車北行，次日薄暮，抵長春，公又不禁太息。蓋自遼奉至此，一路所見聞，皆範圍於日本之勢力，幾不知尚在國中也。二十日，抵哈爾濱。留四日，上莫斯科行程。

二十五日，踰興安嶺，至滿洲里，即中俄兩國公界處。滿洲里居民約僅千家，華俄雜居，火車過此必經檢查，並換車輛。是日，俄方代表來站招待，陪同視察國境。其境界為一長塍，各無封人掌守，出入任自由。至孟邱夫斯克也，復登火車。二十六日，上午，至赤塔。有山水林木之勝，公嘆為荒寒中之異境。午後，復啟行。經此後，改用莫斯科鐘點，較中國遲三小時。二十七日，過上烏金斯克，公南眄蒙古者久之。晚達貝加爾湖站，深夜，至伊爾庫次克，乃入睡。貝加爾湖，風濤如海，茫無崖畔。車行未至姆伊叔滑耶時，已望見之，公連稱鉅觀不置。二十八日，抵下烏金斯克，為一大站。復開車，至伊拉恨斯克，與莫斯科來車相遇，時晚間九時也。連日所見，多荒漠景象，二十九日上午，過阿勤斯克後，屋舍道路，較為整齊。公謂頗有西歐風氣，比西伯利亞進步矣。三十一日午後，至愛客推令泊路吾，為由亞洲至歐境第一大站。九月二日上午，過就路加也福站，風景市廛，皆呈歐化。至午後一時，乃抵俄京莫斯科。

二、訪問酬接

公九月二日下車後，聞俄國革命黨首領蘇維埃共和國之創造者列寧，積勞成疾，不能謁晤，深致感咨。是日，在賓館休息。三日，往見東方部長。五日，見外交委員長齊采林。七日，往見共產黨秘書長羅素達克。羅談革命史況約二小時餘，公記其成功與缺點如下，曰：

「其革命成功點有三。一、工人知革命之必要。二、農人要求共產。三、准俄國一百五十民族自治，組成聯邦制。其缺點亦有三。一、工廠充公後無人管理。二、小工廠盡歸國有，集中主義過甚。三、利益分配困難。」

又記其當時建設情形，略謂：

「兒童教育嚴密，工人皆受軍隊教育，小工廠租給私人」云云。是日又見遠東局長胡定斯基。九日，往訪黨部之東方局長胡定康，陸軍次長克亮斯克。又會參謀總長加密熱夫。十一日，往訪教練總監彼得祿夫斯克，公記其國軍隊組織之內容，曰：

「俄國軍隊組織之內容，每團部由黨部派一政治委員常住，參與主要任務，命令經其署名，方能生效。黨員之為將領及士兵者，皆組有團體，在其團部活動為主幹，凡遇有困難勤務，必由黨員負責躬先之。」

十八日，訪馬林，商議提案。十九日，接見中國留學生。二十三日，會魯考夫基。

十月一日，往兒村，順道訪克斯汀。三日，晤安南志士阮愛國。七日，訪撒克尼壳夫及馬林。八日與馬林商議黨事。十日，往賀越飛誕辰。十三日，往外交部會獨霍夫斯基。二十一日，往會齊采林，談蒙古問題，無結果。

十一月四日，往車站迎邵元冲，與同歸賓館。時諸代表意見齟齬，因與商議處置代表團方法。又談蘇俄黨務，公曰：

「蘇俄各地，皆有少年共產黨支部，集中青年力量，以充實改造基礎，是其第一優良政策。」

十六日，往見蘇維埃議長加利寧。公記加氏有曰：

「加氏一誠篤農民也，問渠國外大勢，不知所答，其勞農專政國之代議士哉！」

二十日，訪彼得羅夫斯基。二十一日，會教育總長魯那哈斯基。其言教育方針如下：

「一、統一教育制。二、多辦專門學校。三、接近實際生活。四、注重勞工學校。五、廢除宗教。六、男女同學。七、學生管理校務。」

晚，訪越飛。二十四日晚，宴雷文夫婦。二十六日，往訪陳啟秀。二十七日，見托爾斯基，其人慷爽活潑。語公曰：

「革命黨之要素，忍耐與活動二者，不可缺一。以此為臨別贈言。」

晚，見齊采林辭行。二十八日下午，詣第三國際辭行。三時，赴外交部公餞。六時，送邵元冲登車，遊學德國。

三、參觀考察遊覽及參加集會

當公抵莫斯科之日，適值社會黨群眾運動，集團約二十二萬人，旌旗飛揚，觀者塞道，公以初至逢此盛會為幸。此後時出參觀考察遊覽及參加集會。

九月十二日，參觀博覽會。十六日，為陸軍學校畢業生遊行紀念。公亦往參觀，自加利寧以下，陸軍各要人皆有演說。是日並與王允恭偕遊Zpam 教堂，是為俄國之第一大教堂。十七日，視察步兵第一四四團，公稱其優點在全團上下親愛，團長專任軍事指揮責任，政治及知識上事務與精神講話，則由黨代表任之，權責甚明。十九日，參觀步兵第二學校。二十日，參觀軍用化學學校，研究毒氣之施用及防禦法。是日又赴共產青年團歡迎會。二十二日，往高級射擊學校參觀。自十五世紀以來各式槍械，約數百種，皆儲藏於此。最新式之福德來夫騎兵用機關手槍，每次可發三十五響，且輕便異常。公稱其武器之研究及進步，可與歐美各國相競。二十四日、二十五日，試乘飛機。是晚，往彼得格列。二十六日，參觀冬館，先入其博物館，柱壁皆以紅白綠色大理石築成，中藏磁器圖畫居多。其會議場、禮堂、朝房、書室、膳廳、浴池等處，陳設輝煌。公最稱其新立之歷史館，標樹其革命黨過去之偉績血狀，謂觀此足怵目悚魂，令人興感云。二十七日，參觀海軍大學，及海軍學校、海軍機器學校。二十八日，上午，參觀海軍博物館，自大彼得至現代海軍歷史上之人物及艦械模型，陳列甚備。下午，參觀海軍印刷局後，乘船浮泥佛河至海口為止，彼得格列形勢壯偉，三萬噸之軍艦，可直達城河，公以海軍雄港稱之。又觀製造潛艇機器及電氣工廠，每艇二百四十箱，重一百二十噸之電氣，僅可用四小時，其經費之大可見。二十九日，由彼得格列乘船往壳倫司太篤軍港。參觀摩拉塔戰艦，是艦重量二萬四千噸，十二吋口徑砲十二門，人員一千三百名。先觀其砲倉，砲之開閉及子彈之起落，皆用電氣。每倉並裝大砲三門，自動連動均可。次觀水蒸氣間，其熱無比，有新式空氣管通氣。次觀機器間，熱度更高。次觀練習艦與魚雷艇。最後參觀第二號潛水艇，其長為百餘呎，重六百噸。先觀電氣間及水雷發射機。次觀照準機，置於中央最高處，乃反射鏡也。次觀倉尾，其構造與船頭相似，頭尾各裝吸水筒吸水筒兩箇，以為浮沉之用。三十日，上午，參觀大影戲園，發電機器多至十餘架。下午參觀依晒克教堂，規制宏壯，其屋頂高至三十五丈，公曾躡其最上層，嘆彼得格列四郊百餘里之景物，盡入眼底。夜，看電影。

十月一日，往遊兒村，及前皇村也。先觀亞歷山大至尼苦拉西以前各皇故宮，窮奢極麗。次觀尼苦拉西皇宮，規模雖少遜，而裝飾及陳列皆過之，公謂人言法國之凡爾賽，尚不能及，其信然乎！晚七時，回彼得格列。二日上午，回莫斯科賓館。述彼得之遊，謂其氣象之熱烈振作，不如莫京。六日，參觀展覽會共產黨歷史部。八日，往大戲院觀劇，公歎此院為俄國全民族各種戲劇模範。先由其教育總長登臺導楔，臺上印刷機隨時發布宣傳品，允為特色。十日，留莫京中國學生全體集合賓館，慶祝雙十節，公講述革命黨歷史。俄黨部及外交部均派代表參加。十三日，往外交部，得見總理致列寧、托洛斯基及齊采林三書，中多對公推重語，公為之感涕。十四日，遊不寂之園。其地踞莫京最高處，極西為麻雀山，相傳拿破崙駐軍於此，為莫斯科第一勝蹟。公寓莫京二月，凡五遊此園，此為第一次云。二十九日，參觀電燈泡製造廠及發電廠。其中工人俱樂部學科及手工音樂補習室，各有多科教師。尤以社會科學為最注重，其餘各販賣合作社、圖書室、閱報室、膳廳、戲館，無不應有盡有。而以職工會及少年共產黨部主其政。關於工廠之歷史，工人之狀況，及廠中資本之盈虧，俱有表揭示。三十日，參觀西鄉太太兒等處農村，先入其村蘇維埃，如吾鄉之鄉自治會，而制度不同。再觀其小學校及消費合作社。校中成績，皆日用生活品，如衣食住行具之類。及至第二村後，導觀其鄉蘇維埃，規模較大，立法、司法、行政三權，皆由此濫觴。鄉警察隸屬於此。

十一月一日，遊莫斯科舊皇宮，規制宏壯，與在彼得堡者相埒，而藻飾則遠不如。是日公又參觀中央執行委員會，入其會員席，聽衛生總長報告。六日，往莫斯科城蘇維埃參加革命紀念，聽加密熱夫、蒲哈靈等演說。又見海軍革命發難二官長及一水手，登臺表述其勳勞光榮，公心頗感動。七日，為蘇維埃聯邦共和國革命六周年紀念，蒞紅場觀閱兵式，軍隊加入者約二萬人。十九日晚，列席莫京蘇維埃大會，旁聽一年來之政治報告，其工業已恢復戰前百分之六十云。二十五日晚，共三黨第三黨第三國際開會，公由遠東局長胡定斯基導見主席團，自徐維諾夫會長以下，各國共產黨主席皆蒞會，公曾致詞，略謂：

「貴黨現在的任務，應予特別注意的就是促進東方的革命。我們國民黨專以三民主義作革命的旗幟，使大多數人民，站在被壓迫的一條線上，起來革命。對帝國主義操縱的軍閥，是我們唯一的敵人，預料在兩三年以內，必定有一部革命成功。我這次來到此地，對於我們中國革命得到許多教訓。不過各位對於中國革命的現在情形，及實地工作，還多隔膜的地方，所以我很希望國際共產黨幹部，多到中國去觀察中國革命的現實，研究東方無產階級的問題。」

詞中表示我國民革命之立場甚明。後於二十八日，閱第三國際對國民黨決議文，公乃深以其不認識友黨為憾。故是晚與趙世賢述來俄經過情形，謂國家當求自立，毋為外力支配云。二十九日，起程回國。十二月十五日，到上海。

以上雖僅著其大概，而此行之觀感，亦約略可見。而公所最引以為慮者，為吾國青年之思想。當十月十日，演講革命黨歷史後，越日聞有人訾議演詞為有崇拜個人之弊。公即以中國青年，不知尊重祖國領袖，引以為懼。及返國途中，閱留學生與總理書，至「忠臣多而同志少」一語，公不禁太息。曰：

「青年見解，謬誤至此，黨誼不敦，禍變將作矣！吾欲無言。」

其後十五六年時，國中騷動之勢，公於此早有戒心矣。

與俄外長齊采論蒙古問題

公嘗與齊采林談蒙古問題，齊氏言「蒙古人，怕中國人」。歸寓後乃報以書，即就此語發揮，說明國民黨所主張民族主義之意義。略曰：

「那天你所說蒙古人怕中國人這句話，要知道蒙古人所怕的，是現在中國北京政府的軍閥，決不是怕主張民族主義的國民黨。蒙古人惟其有怕的心理，所以急急要求離開怕的環境。這種動作，在國民黨正想快把他能夠從自治的途徑上，達到相互間親愛協作底目的。如果蘇俄有誠意，即應該使蒙古人免除怕的狀況。須知國民黨所主張的民族主義，不是說各個民族分立，乃是主張在民族精神上作到相互間親愛的協作。所以西北問題，正是包括在國民黨要做的工作的真意，使他們在實際解除歷史上所遺傳的籠統的怕。」

齊氏曾約公訪問黨部首領談話，故函末望其先以此意介紹於黨部，此書與上第三國際開會講詞，俱足以表示吾中國信義和平之真精神。

卷二

上總理書

書曰：

「中正駑駘下乘，過蒙垂顧，知遇之隆，並世稀有。如先生之於中正者，宜可無言，今竟形之於筆墨，且連篇累牘，反覆瀆陳，敢冒睿聽者，乃有所不能已於言而言者，幸乞昭鑒，而審其是非曲直焉。去歲中正離國遠遊，本作五年十年之計，初未嘗有匆匆往返之意也。及聞石龍失守，先生不知下落之報，（此十二年十一月初旬事，公在俄）為之徬徨無措，寢食難安，痛苦愧悔，不減於陳逆叛變、蒙難永豐聞報駭愕震驚悲夢時，此皆中正不能堅持忍耐始終侍奉之罪，反躬省察，但有引咎自責，惶恐無地已耳。是以激於義憤，決心回國，祇期朝夕隨從左右，圖報萬一，而不復問個人之處境如何困難矣！不料到粵月餘，終日不安，如坐針氈，居則忽忽若忘，出則不知所往，誠不知其何為而然也。先生洞識人情，知我尤深，回想當時景象，諒亦知中正今日懺悔之言，非出於妄乎？抑中正之藎誠，今與昔異，而其才力反不如前，以致失信於黨，見疑於上也！中正自知鄙陋，頑梗不可以化；然人非木石，終能知感！是對我先生，惟思竭其忠悃，以為報效之地。而乃事與願違，竟有不得通其意達其志者，以事之本末，未易明也。蓋世常有終身忍受枉屈，而不得宣諸口者，亦有言非其時、非其人、非其地，言之不惟無益，而反覓以見笑而自玷者，此古人所以寧為放逐，伏死於巖藪江濱，而不願回面汙行，苟合取容，以求親近於一時也。溯自十餘年來，中正為黨服務，未見寸尺之效，方自愧不遑；前在英士幕中，繼在粵軍部內之中正，其長短美疵，先生或憑耳聞而未之目見；至近年在汝為幕中，及在大本營之功過得失，諒為先生所親見而熟知者也。中正與英士共事十載，始終如一，未嘗有或合或離之形神。當時困苦艱難，可謂十倍於今日，而中正忍痛耐辱，曾不懈餒者，乃以其信之專愛之切而知之深也。以我兩人萬古交情，雖手足之親，未足間其盟契，骨肉之摯，不能逾其恩義，肝膽相照，可質天日，故能與之仗安危耳！中正自維愚劣，豈不願深藏鳩拙，以為養晦葆真之計，而乃諸同志群相督策，函電紛馳，所以終不得自外門牆，遁跡絕世也。雖然，今日豈復有真知中正者乎？如吾黨同志，果然深知中正，專任不疑，使其冥心獨運，布展菲材，則雖不能料敵如神，決勝千里，然而進戰退守，應變知方，自以為有一日之長，斷不致臨時紛亂，以陷危境，更不致有元首罹險，不知下落之奇聞。至於共患難同生死之格言，自以為可對古人而無愧色，此非中正所敢自詡，然亦無容自隱於知者之前，是乃先生之所親見者，豈不然哉。然而義不苟取，更不願從俗浮沉，與時俯仰，以期通其聲氣，此亦中正之所自矢耳。去年惠州未下，忍離粵境，掉頭不顧者，中正平日之行動果如是乎？抑豈果為中正耐力不足，客氣從事之過歟？蓋事有不得已也。觀乎中正行後，楊蓁代理之令，則可知其中之受人妒忌排擠，積成嫌隙，由來者漸，非一朝一夕之故也。然此祗可自認枉屈，不敢訴諸人者，乃以先生終不捨棄，因觸前事而道及之，然僅可為先生一人道，而猶不願盡情瀝訴也。嗟乎！交友之難，知人之不易，傾軋之禍，甚於壅蔽，娼嫉之患，烈於黨爭，此豈愚如中正者，所能忍受哉？言念及此，得不為之傷心而厭世乎？吾黨自去歲以來，不可謂非新舊過渡之時期，然無論將來新勢力擴張至如何地步，不能抹殺此舊日之系統。何況新勢力尚未擴張，且其成敗猶在不可知之數，豈能置舊日系統於不顧乎？如果黨無系統，則何貴乎有黨？且不成其為黨也。試問今日吾黨系統安在？其果有中堅之力量，為之始終護持乎？惟聞先生之門，身為軍府僚屬，而志在西南統帥者有之，暫且蜷伏一時，而謀豎獨立旗幟者有之；至如為國為黨，而又為先生盡力者，殆無其人也！今日先生之所謂忠者賢者，及其可靠者，皆不過趨炎附勢，依阿諂諛之徒耳。然其間豈無一二正人，自持人格以維綱紀者耶？惜乎君子道消邪正不明之際，誰復敢為先生極諫效忠，以犯前者受謗見疑而不辭哉？若夫赤忱耿耿，蹈白刃而願犧牲，無難不從，無患不共，如英士與中正者，恐無其他之人矣。觀於陳逆變亂，石龍失敗之際，紛然各謀生路，終始景從之人數，寥如晨星，可以見矣。夫人之膽識有無，性質優劣，品格高下，必於此而後方能測定其真偽耳。倘偏聽諂諛，輕信浮夸，而不驗其智愚，察其虛實，其盤木輪囷，將為萬乘之器，而隋珠和璧，莫不為其按劍相眄，以此而欲望賢良奮進，放手以扶持黨國，何可得也！若既不能致信於人，而乃能勉為人用，其必至見笑而取辱矣！今先生來示，督責中正，而欲強之回粵辦學，竊恐先生亦未深思其所以然也。中正不回粵，尚不能置身黨外，如果回粵，焉能專心辦學而不過問軍事政治？此雖中正避嫌遠引，不敢干預一切，或蒙先生曲諒，不令兼任他務，以全其孤陋之志，然而勢恐不能耳！是則中正來粵，先生縱或深信不疑，可無芥蒂，而於中正自處之道，不知如何而可也？中正任事，固無他長足取，惟此一念至誠，不為私而為公，不為權利之爭，而為道義之行，乃可表見於吾黨也。是以處世接物，一以道義為依歸，而合則留，不合則去二語，為中正惟一之箴語。蓋取辱於人者，何如知難而退之為得也？至於妒能市寵，植私攘權，今日為友好，明日為寇讎，是尤非中正所能片刻留也。要之中正腦筋單純，資質頑鈍，明知國事為人人之責任，革命為同志之義務，惟自矢不敢懈志，共事必求和衷，否則寧束身自愛，保持中國古代之道德，雖為世俗所棄，亦所不惜也。嘗念吾黨同志，其有以學識膽略並優而兼有道德者，固不可多得，乃祇有求其諳熟本黨之歷史，應付各方，維持內部，如展堂者果有幾人？何先生亦不令追隨左右，以資輔翼之助，靳任彼長省一令，而忍使粵局停滯不得發展乎？抑豈以展堂昔日在職，為有把持之嫌乎？然則今日植私於內，盤踞不去，其包攬把持，真有不可思議者，展堂豈其倫比耶？展堂之短，不過度量狹隘，言語尖刻，詞色之間，往往予人以難堪。然其自勵清苦，尚足稱也。默察今日粵軍客軍，日謀抵制主軍，以延長其生命，跋扈之勢已成，然非可專罪客軍也。禍患之伏，造因有自，如不謀所以消弭之道，未有不可為吾黨制命傷者，中正於此，實有鑒於廣東現狀，不在外患而在內憂也。矯其弊而正之，是在中央諸同志應付有方，處置適當而已。今日為政府計，姑不必就全國著想，而當為粵局急籌補救之方。中正以為吾黨同志，知先生與汝為者，當推展堂。如以汝為督粵，而以展堂長省，不惟汝為有賴其輔助，粵局可望穩固，即先生與汝為之間，皆有無窮之妙用；如是，內部固能堅強，即大局亦必能發展；舍是不圖，中正誠不知其所為也。至如當世之策士，不先謀粵局強固，根本穩定，而惟弄其私智，施其小技，聯滇不成，乃思聯湘，借重一方，排斥他方，姑不問其用心究為何如，亦不必深信蜀中同志之誹議，然而強枝弱幹，舍本逐末，團結外力，壓迫內部之害，其必由此而起。不寧惟是，吾又知粵局之破裂，各部之糾紛，亦將隱伏於其中，此所以亟宜及時補牢，切弊矯正也。總之，中正對黨對國，不願以權位而犧牲感情，以偏見而傷公義，勉效古人，辨別公私，不以恩怨而論升降，好惡而議黜陟，如是而已矣。今先生既嚴令回粵，中正雖不才，豈敢重違意旨，背負恩德，決於日內起程，趨前領教，惟望先生曲諒中正之心地無他，言悉本諸天良，而非有一毫好惡之私參於其間也。先生不嘗以英士之事先生者，期諸中正乎？今敢還望先生以英士之信中正者而信之也。先生今日之於中正，其果深信乎？抑未之深信乎？中正實不敢臆斷。如吾黨果能確定方略，則精神團結，內部堅強，用人處事，皆有主宰，吾敢斷言今後之局勢，必能有進而無退，有成而無敗，使以是而復致失敗，則中正敢負其責，雖肝腦塗地不恤也。不然，內部乖離，精神渙散，軍事、政治，棼如亂絲，用人任事，毫無統系，即能維持現狀如今日者，雖成必敗，雖得猶失，是則中正雖遵命回粵，難圖寸效，而於國計民生，公義私交，豈特無補，且有損耳！先生之於中正，愛護覆庇，可謂至矣！然心所謂危，豈敢緘默；自忖生平，且歷證往事，以測將來，不憚嘵嘵辨愬，以瀆清聽者，信義不孚於長上，精誠不格於同志，無可諱言，其終難免於隕越乎！臨書悚惕，伏維垂照而審裁之。」

公數年以來，為粵軍第二支隊司令官，為東路軍參謀長，為大元帥府參謀長，皆不能久安其職。其故雖多，而無親信與有訓練之軍隊，可供指揮，實為一重要之原因。民國十三年初，奉命籌備黃埔陸軍軍官學校，平日屢言造軍之不容緩，至此得遂其願，其有不竭盡心力以赴之乎？然籌備之始，經費困難，諸事棘手，故未幾又具呈中央執行委員會辭職。及回甬寓，總理迭電相召，告以經費已有辦法，軍官及學生聞名而遠方來者，已有數百人，並以辭呈未准，拂然而行為責。廖仲愷時代公職，且有公如不去，學生學校皆不了，祗有自殺謝人之語。夫公之辭職原因，最大為經費，以不能行其志，故不如辭去。乃以不能積極有為而辭職，非消極也。至此，故決擬回粵。而噶日時艱，軫念黨國，不覺百端交集，因上此書，縷陳委曲，凡禾日之所鬱結而未宣者，胥於此書中可以得其梗概焉。

論共產黨問題

公前上總理書，對於聯共，已略陳其意見，即須明系統與充實中堅力量是也。是為護黨根本之論。後於致廖仲愷書，始暢言之。略曰：

「有一言欲直告於兄者，即對共產黨問題是也。對此問題，應有事實與主義之別。吾人不能因其主義之可信，而乃置事實於不顧。共產黨殊無誠意可言，至其對孫先生個人致崇仰之意者，乃國際共產黨員也。至我國黨員在俄國者，對於孫先生惟有詆毀與懷疑而已。對中國之方針，乃在造成中國共產黨為其正統，決不信吾黨可與之始終合作，以互策成功者也。凡事不能自立，而專求於人，而能有成者，決無此理。國人程度卑下，自居如此，而欲他人替天行道，奉如神明，天下寧有是理耶？」

書中又言及復俄見聞報告，與在俄行動，致慨頗深。曰：

「黨中特派一人赴俄，費時半年，費金萬餘，不可謂不鄭重其事，而於弟之見聞報告，毫無省察之價值，此弟當自愧信用全失，人格掃地，亦應引咎不遑也。然弟在俄行動，自覺無可為人誹謗之處，亦無失卻黨體之點。因強入共產黨問題，而弟以須請命孫先生一語，即以弟為個人忠臣相譏刺。弟自知個性如此，殊不能免他人之非笑。然而忠臣事君，不失其報國愛民之心，至於漢奸漢奴，則賣國害民而已也。吾寧願負忠臣卑鄙之名，而不願帶洋奴光榮之銜，竊冀與兄共勉之。」

試證以其後武漢共產黨之事實，可見公觀察之明切。而在當時，舍公外，其孰敢為此言，一般人又豈知公當時曾為此言乎？

陳英士先生之待人

公與陳英士先生，有兄弟之盟，民國四年五月，英士先生被袁探刺死於日僑山田家中，公得耗後，親載其屍以歸，為之經記表葬，撰文祭之極哀。以後言及平生交遊，未嘗不稱及之。其交誼之篤，世共知之，無俟贅述。嘗於致胡漢民函中述及其待人，有曰：

「英士待人，不免好尚權術，然其先必事事容納人意，體貼人情，而至最後，則他人必事事悉照英士之本意，而改變其本人之主張，使人尚不自覺。如是待人，不可謂其果善，而人則反感其妙，以弟之愚拙，而有今日者，未始非其誘掖之功也。」

此語非知遇之深者不能道，故特著之。

黨歌之來歷

今之黨歌，即為當日總理陸軍軍官學校開學之訓詞。此或尚為一般人所不盡知，亦國民黨之一掌故也。

戴季陶書一通

公與戴公季陶交情，形之於函電中者，數見不鮮。民國十三年七月五日，戴氏貽公一書，又可見二人交情之篤摯。而公以後之益孜孜於學，使哲學政治社會經濟各方面，理想愈切實，原理愈透徹，戴氏此書，實亦有促進之功也。書曰：

「介石吾兄惠鑒：弟匆匆便去，未能先事告兄，歸滬後，屢欲有所言，而千頭萬緒，不知從何說起，舉筆者屢，方舉旋又放下，不若與他人書時之易為，蓋親愛之至者，蓋難為言也。抵滬之後，本欲即回湖，因此間尚有事待理，行李書籍又未寄來，故暫處以待，數日後乃歸耳。國事當時代轉換之秋，舊秩序已破壞，新秩序未建成，人自為意，必不可免。蓋社會心理，在革命期中之必然狀態，無足憂亦無足懼。吾人但有正確之見解，與寧靜之態度以對之，斯得矣。若正確之見解不能得，則寧靜之態度更何從具？先生所謂行之匪艱知之維艱是也。不學無識而又懶惰性成如弟者，當此危局，自顧憂慙，頹然思退以自放，亦事理之當然，非有他也。吾兄以飽經憂患之身，具堅貞不拔之氣，沉毅豪俠，殆聚程不識李廣為一人，豈不甚可敬佩，惟所慮者，社會之改造，非僅賴個性之統馭，所能成功。改造者之偉大，惟於其所持理想原理之偉大，與性格之仁厚，感化力之強弱中見之，而他之莊嚴皆副德。猶之佛之三十二莊嚴相，謂實非莊嚴之謂耳。兵訓戰危，載舟以此，覆舟亦以此，操之之難，恐倍於他業。若只賴個性以為統馭，臨之以模範矜式，恐非持久之道。蓋在時代之社會心理上，其為暗示者小，而其為感化者薄也。弟為此言，詞晦而理昧，不足以盡意，然吾兄且誌之，三年後當有顯明之例示吾人耳。廿年奔走四方，刺激既多，心理早成變態，不僅過敏而已。是以自持甚疏，而論人論事，往往有當。兄常謂弟之盛言厲色，易使人難堪，此誠有之，今稍稍自損，欲求有合，惟三十正過，行且進無聞之年，求學已難，所入惟情性之改革，豈易為哉？且彼此之友誼，且四千日，既有所知，不敢不告。且恐弟不言，則終無第二人能言，亦無第二人敢言，在兄左右之賴以出入者，於此等處且不惟不敢，且更不知，是弟之言，蓋不得已也。嗟乎！十年以來，舊友闕喪，餘者幾何？寂寞之感，當有同情，對此狂人，必加宥恕耳。弟傳賢頓首。」

按戴公時為共產黨幹部所排去粵，感時勢之艱難，益屬望其友，故言之愈益切至如此。

商團事變

民國十三年，公兼任長洲要塞司令。八月間，廣州商團，以截留其私送軍械，起而抗拒，迭經調停，迄未平息，繼且變本加厲，一方勾結敵人，一方煽動內部，局勢岌岌可危。總理時為大元帥，駐韶關，得告急請援電後，命公速棄埔赴韶，略謂「來韶之始，便有寧棄廣州，為破釜沉舟北伐之計。今事既危急，望即運械率學生來韶，而注全力於北伐。我必不回救廣州也。」公則表示決死守孤島，以待援師。復電略謂「叛軍與奸商聯成一氣，其勢益兇，埔校危在旦夕，中決死守孤島，以待先生早日回師來援，必不願放棄根據重地，致吾黨永無立足之地。」其勢雖急，公料一時尚不至來犯，故惟切盼援兵之至。電中又陳明利害，略謂「再過數日，則我軍準備完妥，乃可轉守為攻，果能渡此難關，則以後當入坦途。計械練兵，三月之後，可得一支勁旅。以之掃蕩寇亂，鞏固革命根據地，則吾黨不患其不能發展，是為今日成敗最大之關鍵」云云。此十月九日也。越日，奉總理電，催赴韶關尤急。略曰：「望兄速捨長洲來韶，因有某軍欲劫械，並欲殺兄，故宜暫避之。以侍衛隊練成再講話。」一日之間，連發數電，皆催速運械至韶關練兵，而公堅持不動如故。

十二日，廣州市形勢愈險惡，西關等處，遍貼打倒孫政府等標語。總理聞訊，知公亦無離廣意，乃手諭令與許總司令應付時局。然仍有「如汝為不能決斷，則無論如何艱難危險，仍將械運來韶關，以練我之衛隊」之語。至十四日，總理始令警備軍、工團軍、農民自衛軍、飛機隊、甲車隊、兵工廠衛隊、陸軍講武學校、滇軍幹部學校學生，統歸公指揮。是日上午，公部署校軍第二、第三隊，及駐虎門教導團第一營等出發布防，軍校則令連長何芸生由省帶贛軍新兵百名防守。下午，胡省長漢民電請大元帥，以楊希閔為戒嚴總司令，並下令解散商團。其粵、滇、湘、桂各軍，則全分任各街防守焉。至夜，商團從大市街出動，公乃督隊並協同由韶關調回之湘軍三千人，及張民達、吳鐵城、李福林各部，分向西關、西瓜園、太平門、普濟橋迎擊。其長堤、沙基、黃沙等處，則以滇軍扼禦之。次晨，太平門、普濟橋一帶商團，來犯我警衛軍戒地，警衛軍與之巷戰，加以各軍沿途夾擊之，商團先後退卻。至日晡，西關等處，盡為聯軍佔領。

十六日，商團副團長陳恭受來乞和，願繳械贖罪，公允其請。胡省長乃下令通緝商團團長陳廉伯等九人，以其為此次事變之主犯也。商團事變，至此乃告結束。

革命軍連坐法

民國十四年一月，公編精神教育完帙，又制定革命軍連坐法。連坐法計五條如下：

第一條　本黨以完成國民革命，實行三民主義為目的，各官兵應具犧牲精神，與敵方交戰時，無論如何危險，不得臨陣退卻。

第二條　本連坐法，即適用於戰時臨陣退卻之官兵。

第三條　連坐法之規定如左：

一、班長同全班退，則殺班長。

二、排長同全排退，則殺排長。

三、連長同全連退，則殺連長。

四、營長同全營退，則殺營長。

五、團長同全團退，則殺團長。

六、師長同全師退，則殺師長。

七、軍長亦如之。

八、軍長不退，而全軍官兵皆退，以致軍長陣亡，則殺軍長所屬之師長。

九、師長不退，而全師官兵皆退，以致師長陣亡，則殺師長所屬之團長。

十、團長不退，而全團官兵皆退，以致團長陣亡，則殺團長所屬之營長。

十一、營長不退，而全營官兵皆退，以致營長陣亡，則殺營長所屬之連長。

十二、連長不退，而全連官兵皆退，以致連長陣亡，則殺連長所屬之排長。

十三、排長不退，而全排皆退，以致排長陣

亡，則殺排長所屬之班長。

十四、班長不退，而全班皆退，以致班長陣亡，則殺全班兵卒。

第四條　各級黨代表亦適用本連坐法。

第五條　本連坐法自公佈日施行。

淡水、棉湖之戰

十四年二月上旬之末，公擬定東江作戰計畫方案後，即率校軍由常平出發。有詩紀之曰：

「親率三千子弟兵，鴟鴞未靖此東征，艱難革命成孤憤，揮劍長空涕淚橫。」

途中，宣傳隊演說本軍與人民之關係，眾皆鼓掌，齊聲祝革命軍勝利。是二月十一日也。是日學生軍進至深圳，敵望風而逃。初，在常平，已得逆軍謝文炳部千餘人，尹驥部二千餘人，經海豐向淡水迎擊之報，敵勢頗盛。公十一日抵南滿林舖，以部署軍事多未安睡，夢一夕數驚，次晨，研究地圖，決定作戰計畫，會議，發令，督部分三路圍攻淡水城。教導第一第二兩團，由平湖龍岡前進，在其南。粵軍第七旅由藥陽圩前進，在其東北。第二師由新圩前進，在其西北。教導第二團佔領牛鼻湖松子坑等地。是日下午四時，宣傳隊出發。十四日，軍隊出發。公親率校部前進，命本軍由龍岡尾敵，攻城之東南，粵軍第二師及第七旅由新圩東邊月尾敵，攻城之西北。晨六時，逆敵熊略股千餘人，翁騰輝股五六百人，夢獻祥股八百人，及楊雍、楊坤如、陳脩爵、練演熊、洪兆麟等股，由淡水蓮塘面鎮隆圩向新圩粵軍反攻，經張民達師許濟旅及金團等迎擊激戰三小時。敵敗退，我軍跟蹤追之，距淡水城僅七里而止。獲熊略股旅團長各一人，又官長十餘人，斃百餘，俘三百餘，拿獲機槍四挺，槍三百餘桿。午後公率校部行至白雲坑，聞槍聲甚烈，乃匹馬馳入南門外砲兵陣地，指揮教導團據淡水城西南大鈀坳各高地，第三營前進至企嶺下，敵閉城拒守。校軍士氣甚盛，公以第一次作戰，經驗不足，宜謹慎，故未令即攻城。至晚，公見敵用竹油火燒城腳通明，及施設探照燈，乃曰：「此敵部糧已盡，堅壁待援計也」。夜分，發限翌晨攻克淡水令。十五日，晨五時，公至南門外砲兵陣地，指揮攻城。七時，砲兵開始射擊，步兵繼之，奮勇隊又繼之，城堅不易拔；有一旗兵乘墉左右揮，中路衝奪而入，左路緣梯以進，巷戰久之，敵向東門潰竄，公亟令第三營追擊之，第一、二營搜索城內。俄而敵援驟集，兩軍又相激戰。至午後四時，右翼許旅少卻，追擊隊亦不支，會何團長應欽督隊暨粵軍第二師來策應，敵節次沮退，死傷甚眾。旋洪部由東門突入，招集殘部，佔領右翼高山，公調第一營抗拒之，復命顧營登高射擊，敵遂向平山白芒花遁去。十六日，公率校部人員入淡水城，馳電總理告捷。

淡水戰後，聲威愈震，嗣後一鼓而下潮汕，僅半月餘耳。至三月中旬，乃有棉湖之戰，校軍於此之後，厥公尤多，而棉湖之戰尤烈。十二日上午，公率部由揭陽城進發，往擊河婆林虎部。途次得報，逆軍劉志陸、黃任寰、王定華等股，由河婆分鯉湖棉湖兩路來襲。公既馳入普寧城，即令何應欽團如計佔棉湖，而令錢大鈞團佔湖尾，以扼右路鯉湖及和順一股。至晚，許濟旅忽失期，致何團失聯絡，公焦慮殊深。幸陳銘樞旅及警衛軍，已敗黃業興股於河田，敵向河婆退卻，故無事。次晨，公率教導第一團，由青嶼至湖尾。行抵河南鄉下柵附近，第二團因奉令遲，未集，敵並力撲正面，勢甚猛。俄頃，迫曾塘，何團長乃急令總預備隊劉隊長峙，指揮學兵連反撲，並命砲兵隊猛射，始擊退其大股，餘小股環集甚眾，何團等苦戰至正午，許旅馳至，加入作戰，公心稍慰。何團長於是復往左翼督戰，人各殊死戰，乃得與敵城對峙狀。及午後，第二團至，亦加入，與許旅及總預備隊之第三營會合應戰，盪決移時，敵退。我軍退至和順，敵又增隊反攻，以機槍猛衝我第一第三營，前仆後繼，傷亡過半數，既而爭奪南山頭尾石山一帶高地，正相持間，我第二團忽繞鯉湖出，逆軍腹背受敵，乃不敢進。時後方河婆，為我後續部隊陳旅等壓迫，故公料敵是夜必退去。十四日，公晨起後，出外視察，前線無動靜，亦未接敵退卻之報，疑之。公深夜二時，始回紅湖宿營，至此乃復往曾塘，察勘陣地。遇營長嚴鳳儀，知敵於夜二時，向灰寨退卻。敵死傷過我軍，我軍第一團官兵，死者在三百名以上，傷者不計焉。初，當第二團未至，勢危急，間有退下者，公麾之使回陣。而其始退者，及不回陣者，則按律治罪。至此乃嘆曰：「犧牲子弟同志，如此其多？且皆優良分子，而後退之官長及黨代表，又須置之於法，是皆一手所陶成者，殺之何忍，不殺又壞紀律，思之，誠不願以帶兵殺人為事也」。下午。馳電總理告捷，時總理凶耗已至粵，以前方軍事正急，故不以聞。其後公追念是役，有曰：「棉湖一役，以教導第一團千餘之眾，禦萬餘精悍之敵，其危孰甚？萬一慘敗，不惟總理手創之黨軍盡殲，即廣州革命策源地，亦不可保。此戰適當總理逝世之翌日，蓋在天之靈，有以默相其成也」。則此役之重要，又可知矣。

平楊劉

楊劉之變，醞釀已久，自二月初，東江戰起，楊希閔所統之滇軍、劉鎮寰所統之桂軍，即已觀望不前。及三月破興寧，搜獲楊希閔等與敵軍往來密電。而劉鎮寰於是月赴雲南嗾唐繼堯引兵入桂，則圖粵之計益顯。東征軍既下潮梅，公於四月二十七日抵汕頭，次日會議，即議決回師平定楊劉，以固根本。至五月二十一日，乃實行回師。黨軍何應欽部，粵軍陳銘樞部、許濟部，警衛軍吳鐵城部，同時由潮梅回粵。公由汕頭至海豐，拔營出北門西向，六月二日抵平山。先是楊希閔於五月初，潛赴香港與北京密使會議，共謀顛覆革命政府。雖成議矣，以輕我故，未即備戰，且其第三軍軍長胡思舜，第二師師長廖行超，各欲伸張勢力，暗與政府通款，於會議所決定之計畫，均不得實行。及我軍自海豐拔營後，省城滇軍聞之始大恐，圖一致抵抗。而時鐵道工人，受我方運動已罷工，各路皆停運，滇桂軍未能如計畫布置，故省城敵雖佔領省長公署及各機關，不旋踵，即敗亡矣。

我軍自六月二日後一路進展，至八日即進佔石龍。公抵石龍站，面授各官長機宜，即飭各軍進攻石灘，佔領之。殘敵數百人退增城。是日，長洲島特別戒嚴。十日，公由石灘抵筆村。下令。令粵軍第一第三師及第六旅任左翼，由廣九鐵路進。警衛軍任正面，由瘦狗嶺進。黨軍任右翼，由龍眼洞進。警衛軍一部及福軍，為總預備隊，由河南進，總攻省城。

是時西江粵軍，亦兼程至。北江譚延闓繳趙成樑師駐韶城韋旅械後，遂令魯滌平、朱培德、程潛等，率部沿粵漢路南下。大本營於十日特命魏邦平為建國軍渡河攻城軍總指揮。而政治部則編滇桂附義學生為特別宣傳隊，令往省河一帶向本籍軍士宣傳。我軍分別部署之情形略如此。

十一日拂曉，校軍衛士隊甲車隊，編成一營出發，集中敦和市桂田一帶。留校學生一部，協同海軍由魚珠向石牌車站威脅敵之側背，並施砲擊。校軍及黨軍第一旅及第三團之一部向龍眼洞。入伍生隊三營，由赤江塔獵德渡河，向東山應援。公是日由筆村進發指揮。途次，聞龍眼洞附近有槍聲，知已接仗，乃直上火爐山察看陣地。敵自退大姐嶺後，輒憑險頑抗，及拘俘虜，云尚有三旅在龍門埔，約明晨會於此，乃知守嶺之敵，蓋待此股集中也，故決先破前面胡思舜一路，於次早進攻。十二日晨五時，各路軍開始合擊，逾時，即佔領龍洞附近，公乃令粵軍第一旅與警衛軍，向瘦狗嶺沙河進迫。並於校隊砲火掩護下，由獵德渡河，旁抄廣九路，戰事異常激烈。逆軍師長趙成樑，為我軍轟死，兵心動搖。既西桂軍之據瘦狗嶺者亦潰，敵紛紛退入城中，黨軍與魏邦平兵乘勝追殺，敵死亡無算，獲其師長陳天泰，劉震寰遁走，省城遂告克復；楊希閔與廖行超於明日逃香港，自回師至此，不過二十一日，實行軍事動作，不及十日也。

取消紅領帶

平楊劉之次日，公令各部隊取消紅領帶。嘆曰：「匪軍結盡怨毒。我國民君愛國愛民之標幟，與紅領帶之記號，為其汙衊至此，可痛！」蓋我軍用紅領帶，各軍亦用紅領帶，惡劣部隊，藉名騷擾，粵人恨之，頗遭仇殺故也。

統一軍隊名稱

十四年七月，公在軍事委員會，講演統一軍隊名稱，曰：

「統一軍政，必自統一名稱始。如舊日湘軍、滇軍、粵軍等等，以省為別的名稱，都應一律取消，另用統一的稱號，在軍事委員會曾擬有三種名稱，一、國民軍。二、革命軍。三、國民革命軍。其要義不外指明我們國民黨召集優秀國民所組織的軍隊，是以革命為主旨，所以國民革命軍乃為最切合的名稱。」

後軍事委員會於八月二十六日，議決編組國民革命軍，遂以為定名。

歡讌廣州市商界領袖時之重要演講

軍政當局歡讌廣州市商界領袖。公時任國民革命軍第一軍軍長，統轄第一第二兩師，兼廣州衛戍司令。即席演講，先以軍民合作為勉。曰：

「我敢負責講，我在職一天，一定盡一天的能力，保護廣州人民的生命財產。限三個月之內，把廣州市的土匪、暗殺、搶劫等擾亂分子肅清，無論怎樣，必不使廣州人民的生命財產發生危險。但是有一個條件要求各位的，就是我們要把政府變成人民的政府，軍隊變成人民的軍隊，是要同人民合作的。各位是商界的代表，也要領導商界同政府合作。」

繼告以國民政府只能實行三民主義，及與俄國合作之真意。曰：

「造謠的說：『國民政府有許多俄人在裡面辦事，這就是共產的表示。』關於這點，我要簡單地報告我們黨的歷史。在五年以前，俄國有位特派大使越飛，來見我們孫總理中山先生，他們談話當中，孫總理說：『中國無論如何，祇能實行三民主義，不適於施行共產主義』。當時越飛答覆他說：『你這答案非常適合，我們俄國當盡力來助你實行三民主義。』並且說：『中國現在的國情，實在不適於共產主義。如果現在中國行共產主義，我們俄國反而不能幫助了。』所以俄國人來幫助我們，是為求中國的自由平等。」

主義立場既明，乃告以我國軍制，實採自俄國。曰：

「我公開的對諸君講，我們中國國民黨的黨軍，是學俄國革命軍的編制的。」

並說明其原因，為鑒於滇桂軍之不良無用，故奉大元帥命，到俄國去實地研究，採用赤衛軍之編制，以練黨軍。略曰：

「當我到俄國研究的時候，看見赤衛軍那樣不騷擾人民，完全為人民做工作，和人民很親愛，人民也和他和好團結。這樣的軍隊，有什麼打不勝的仗？所以我回國之後，就決定了。真要使軍隊能為人民求自由幸福打仗，能為黨實行三民主義打仗，非用俄國赤衛軍這種編制不可。故此實行仿照他的方法，訓練我們的軍隊。」

我國與俄合作，乃望其助我實行三民主義，共產主義不適於中國國情，引總理當日與越飛問答之言，何等明切！至於軍制，公當日所見，乃俄國已由破壞而進於建設之時，故可用為我國民黨促進建設之軌範。若其破壞時之情形，或不如是爾。然中國至此時，建設且不暇，更何所用其破壞乎？廣州市民聞公此言，其亦可信然於國民黨之決不採取恐怖與破壞手段矣。

三民主義哲學之立足點

公曰：「三民主義哲學上的立足點，就是總理所講的三民主義以民生為歷史的中心這句話，可以包括三民主義真正的意義。凡是一個主義，都有他哲學的立足點，比方共產主義，是以物質為歷史的中心。我們這以民生為歷史中心的主義，無論到什麼時候，是不會失敗的，也沒有止境的。」此為軍校第二期學生畢業時所言。

第二次東征惠州攻城之戰

十四年十月，公再率師東征。初，東征軍於五月下旬回師平楊劉，潮汕又為敵據，至九月下旬，洪兆麟、謝文炳、翁騰輝等股約四五千人，由海豐入平山。其主力林虎、劉志陸、李易標等股，圖經河源、博羅而出石灘，尚有劉志達股駐黃岡，黃任寰股駐河婆，陳修爵、熊略股駐老隆，黃業興股駐紫金。總計約三萬以上。又惠州之楊坤如股，約二三千人，及莫雄殘逆數百人。此外北江熊克武之川軍約萬餘人，廣南八屬之鄧本殷部數千人，均有進犯廣州企圖。故於二十七日議決，大舉討平。區分東征軍為三縱隊，以何應欽、李濟深、程潛分任為隊長，公為東征總指揮。十月一日誓師，分期出發。十四日，克惠州。下旬，恢復平山、海豐、河源、五華、興寧。十一月三日，入揭陽。四日，入汕頭。五日，入潮安城。此次所用戰略，如推進河婆時之越山進攻。與進取五華時，華陽之役，向梅林安流前進及側出商道，皆為出奇制勝。公自認有曰：「此次作戰，身雖較苦，而兜殲逆敵殆盡，故精神則甚快。一勝一敗，小敗而大勝，其樂過於百戰百勝也。」其攻擊難而傷亡最多者，為惠州攻城之戰，茲略著於下。

十月六日，公抵石龍。八日，下督攻惠州城令。十日，到博羅。十二日，偕何縱隊長應欽往白沙堆。行進十里，至太保山、飛鵝嶺視察陣地。十三日上午，登飛鵝嶺左山，勘定砲兵陣地，親臨指揮。敵砲彈三越公頭頂而過。下午二時，舉行總攻擊。時第四團在北門，衝鋒五次，雙方血肉橫飛，團長劉堯宸中彈亡，杜冷二營長亦受創，隊長及士兵死傷者過半。同時第七第八團及補充團，並衝鋒數次，不得入，至夜乃止。次日，下各攻城隊令，第四團仍願加入。公喜曰：「該團不因傷亡多而墮士氣，不愧為革命軍矣！」午後二時，復舉行總攻擊，向西北門總攻。北門城樓之右側，敵置突出部草棚，伏機關槍極隱約，我砲不易瞄準，於是調山砲一連，先佔北門外房屋為陣地往射之。第一彈即命中，我步兵遂乘機移竹梯至城根，蟻附上。楊逆坤如親率隊力拒，多受砲傷卻回。尋復出，又遭砲擊。如是者三，我第二團亦自水北前沙灘架砲遙擊，勢亦盛。傍晚，惠州下，惠陽亦下，以二城毗連也。俘四千餘人，楊逆率殘卒遁去。惠州夙稱天險，有宋以來，未之能破，故公電國民政府告捷，頗以將士能奮勇用命為喜，且謂亦先大元帥之靈實祐之云。公自十二日至此日，皆露夙嶺麓，十五日，乃入惠州城，發布告安民。

為西山會議忠告海外各黨部同志

十四年十二月，一部分中央執行委員以反對共產黨，在北京西山開會。二十五日，公為此事忠告海內外各黨部同志。茲將其書中最要之二點，迻錄于此，曰：

「關於共產黨之問題，彼輩所以主張排除，不外兩種理由。第一：『共產黨之共產主義，與本黨之三民主義根本衝突。故共產黨在本黨之內，亦根本不能相容。』不知共產之加入本黨為總理所特許，第一次全國代表大會所議決。果使兩種主義，根本不能相容，以總理之明，與第一次全國代表之忠於本黨，寧有貿然決定，以貽本黨之危險？且總理已明言民生主義即是共產主義矣。故第一說決非總理之意，此在彼輩亦未始不知。於是有第二說。謂：『總理之特許共產黨加入，乃欲共產黨完全化合於本黨，而非本黨為共產黨所同化。今則共產主義，已有蠶食三民主義之危險。』然總理果若是褊小耶？三民主義又果如是之易撼動耶？而此說之誣總理，誣本黨，蓋視第一說尤甚。總理今固已逝，然當其在時，此種疑懼，即已起於一部分同志之間。同志間已有為反共產之運動者，試問總理親自出席之臨時中央執行委員會之議，其結果究如何？總理蓋嚴詞警告反共產之同志，而又決定仍容共產黨之同志之在黨也。總理之所以如是，乃總理之偉大，總理手創之三民主義，誠不同於共產主義，而其為革命的主義則同，總理深知必能包括共產主義，始為真正之三民主義。同時亦必能容納共產黨，始為真正之國民黨也。今日中國革命，已為世界革命之一部分，中國革命成功，則世界革命為之促進，亦世界革命成功，中國革命始真正成功。總理自信三民主義，能兼容共產主義，而決不懼共產主義，將蠶食三民主義。三民主義，可垂之百世，推之世界，豈在中國國民革命尚未成功之時，而已懼何種主義之蠶食？其師大勇，其徒薄志弱行至此，亦可謂不肖之甚者矣。人患不自強自立耳，惟國與黨亦然。本黨同志能自振奮，能努力於國民革命，能知中國革命為世界革命之一部分，中正敢信全國國民，均將奔集於三民主義旗幟之下，決無被他種主義蠶食之危險。若不求自強自立，且不自侮，即嚴拒一切主義者於千里之外，亦終於自行崩潰魚爛而亡耳。此次所謂第四次中央執行委員會全體會議，宣布共產黨籍之執行委員應除名者共四人，夫以二十四名之中央執行委員，跨共產黨者四，蓋僅六分之一。此而懼人之鵟食，非自暴自棄而不自振作者，決不作此奇想也。此種怯懦薄弱之心理，其果愛黨者之所為乎？」

就此以歷觀公前後之言論，與其措施，可知當時堅持容共者，為國民黨。其後決心清共者，亦為國民黨。吾國民黨之容共產黨，乃總理之偉大。其成總理之偉大，而始終維繫黨本於不墮者，則公之苦心，為可思矣。

黃埔軍校之改組

民國十五年一月十二日，軍事委員會議決，改稱黃埔陸軍軍官學校為中央軍事政治學校。三月，改組成立。

中山艦事變

十五年春，軍校學生第四期，及各軍軍官學校併合，計二千六百五十餘人，統一訓練幹部。除步兵三團外，尚有政治經理砲工等科。二年來成績亦可觀矣。公惟以軍事處置失其自動能力，又共產分子在黨內活動，不能開誠相見，內部複雜，貌合神離為憂。時並發現反蔣傳單不一，公尤深惘歎。嘗曰：「近來所受苦痛，至不能說，不忍說，且非夢想所能及。」以內部如此，益非自強不可。故三月十八日，中央軍校開會，力主北伐。而共產分子遂於此日暴動，海軍局代理局長李之龍，矯令中山艦駛泊黃埔。公聞訊後，自念若不於此當機立斷，何以救黨，何以自救？乃決嚴厲處斷。初，中山艦之駛埔，公不知也。十九日正午，李之龍突致電話於公，問「中山艦可否開回廣州？」公愕然。然略致詰，即許之。及開回省城，通宵不熄火，且戒備甚嚴，公知其必有變，乃派兵登艦監視。是夕，公與各幹部密議，至四時，乃下定變令。

二十日昧爽，宣布省城戒嚴。捕獲李之龍，及各軍黨代表多人。李之龍者，為黃埔軍校第一期學生，其自稱為共產黨黨員。據調查，此事李係受季某陰謀，（季某，俄人，後去職）預定待公由省城回黃埔途中，劫至艦上，強之使去海參崴云云。下午六時，黨軍遂奪回中山艦。反動者其計既不逞，一時亦不敢復肆其意，故雖百端阻撓，而北伐終得如計進行焉。

事後，張靜江氏回粵，公與痛談三月來政潮起伏及外交經過，相與咨嗟不已。又談遭陷瀕危，臨機應變之狀，張氏稱為天才。並聞當時對方亦以此推許之云。

與伊萬洛夫司基談話

公將赴虎門，往別伊萬洛夫司基。伊氏言：「革命以農工為基礎，以黨與政府之強固為要點。又以幹部意志一致為首務。」公曰：「革命勢力應集中。革命應時時進取，不宜取保守態度。中國革命之現勢，非速定出兵北伐大計不可，凡余視為革命障礙者，應迅即掃除。又革命組織，應以革命之利害為前提，不宜因人遷就。」彼此皆以為知言。公嘗自定革命大方針曰：「革命實權，非可落於外人之手，即與第三國際聯絡，亦應定一限度，要當不失自主地位。」告伊之言，亦組以表明此種立場。

告誡學生及退出軍隊之黨代表CP官長

中山艦事變後，共產分子自動退出軍隊。公於四月十四日，發書以告在校同學，一方實亦兼對退出之同學言。後於二十日晚，宴退出第一軍之黨代表及CP官長，又另有痛切真摯之演詞。茲全錄忠告同學書外，並節載演詞於後。

忠告軍校同學書曰：

「中正由汕回省，至今已三閱月矣。處境之拂逆，精神之痛苦，其間之悲慘情狀，實有不忍言且不能言也。當回省之初，黨事糾紛，學會風潮正盛之時，中正目擊心傷，愁焉憂之，一方慮右派之搗亂，以分裂吾內部之團結。一方慮處置之不平，造成本黨之錯誤，至於軍紀風紀日漸廢弛，尤使吾心焦灼難安！然猶深信吾同學將士，必能以總理之心為心，且知其必能詳明總理之意旨，當不至以區區意見之相左，而自相傾軋也。竊自去年組織政府以來，凡黨務政治，均推汪主席主持一切，中正但有惟命是從而已。即軍政財政，亦以中央集權為首倡，故自請解除軍長總指揮之職權，還諸政府，凡東江民政財政各人員概由中央派遣，決不敢妄薦一人，干涉絲毫。軍區分配，部隊駐防，任由中央之指定，惠州為我無數將士犧牲而得者，中正且提議劃歸第六軍區，以免除末流割據之惡習，至今軍餉總由財部支配，而所部軍無宿糧，士盡敝鎧，日聞呼苦之聲，亦惟以嚴法繩之，無稍姑息寬縱，當為世人所共見也。惟北伐未成，為總理畢生之遺憾，且以此重託於中正者，故回省以來，竭力提倡，中正以為無論何事，皆可捐棄成見，惟此北伐問題，非貫澈主張，則昔日同志之犧牲，皆成為無意義之舉動，故不憚正色力爭，期達目的，無如力不從心。所有北伐計劃，竟至根本打消。事至於此，中正認為軍事與政治已失自動之能力，乃不得不出於辭職之一途，然中正不忍自訴冤屈，以寒同學與將士之心，仍以團結內部，服從黨義自勉，且以勉我將士，故嘗一再告誡，以期吾同學將士化除意見，共策進行，勉為模範軍人，以期完成革命之責任而已。且自本校創辦以來，於今二載。當創辦之始，學生與教職員，不過五百餘人，然而上下同心，精神一貫，無或間言，惟共產與非共產之分，已有一部分同學之成見，存於其間矣。當時總理以容納共產分子，為革命原素之一種，而中正亦以為本黨若非容納共產分子，即革命戰線不能聯合，實為國民革命之缺點。故自開校以來，惟恐同學歧視共產分子，或因懷疑而起決裂，是以時時以總理之意為意，對於共產分子扶持提攜不遺餘力，務使本校革命之基礎，免除共產與非共產之分，但期其精神之團結，完成國民革命之責任，以慰我總理之心，此中正二年以來，對於團結內部之苦心，至今未之或變者也。故同學間有以中正為偏袒共產，或抑置同學為言者，皆一概置之，但求無愧於神明而已。各期同學，凡能知中正之苦衷者，亦無不為之體察諒鑒，故其對於中正之言論行動，無論何時，未有起絲毫懷疑之心，而且聽從之惟恐其不至。此固中正二年來對於本校同學親愛之情，縈繞胸臆，朝夕所不容忘者也。亦惟有此精神之團結，乃能一出而平東江，回師而滅楊劉，再出而破惠州，盡殲叛逆之餘孽。此無他，蓋同學精誠之所至，故能無堅不摧，無攻不克耳。總理嘗為中正告曰：『團體不患其小，惟患其不能純一，今本校同志，雖祇五百人，如能親愛精誠，歷久不變，則精神未有不團結而強固者，革命基礎，全在於此，望勿有始鮮終，務期告厥成功。』甚矣！本校之責任如此其重，而總理屬望於本校之心，又若是之殷也。吾同學宜如何淬礪奮發，團結精神，始終如一，以鞏固此革命之基礎，不負吾總理之期望；又宜如何實行主義，消除成見，以圖戰線之鞏固，而達成革命之目的。不意吾總理與廖黨代表及先烈各同學將士之骨血未寒，而本黨本校即為之精神渙散，團體破裂。回憶去年梅縣學會紛爭以來，即起有心者無窮之隱憂，言念及此，痛心曷極。一年以來，不啻腸斷淚涸，舌敝唇焦。而乃言者諄諄，聽者藐藐，忠言逆耳，無濟時艱，卒至兩方各處於極端，竟不顧其基本之傾頹，此皆中正誠不足以動眾，信不足以孚人，有以致之。竊中正追隨總理革命以來，無時不以犧牲個人自矢，對於革命之希望，惟有樂觀與前進，然如今日內部之情形，長此以往，雖欲不抱悲觀而不得矣。蓋北伐主張，既不能貫澈，辭職又未蒙批准，既不能使之專心辦學，以勵後進，又不許其奮勇前進，以完成革命之責任，卒之進退維谷，挽救乏術。而同時軍中黨中，訌爭益烈，青年軍人聯合會也，孫文主義學會也，誹謗主義也，懷疑共產也，傾軋之聲浪，日高一日，中正目擊心傷，不忍坐視危亡，乃與汪主席約期開兩會聯歡會，不期聯合會會員，屆時又爽約不至，卒使各項問題，懸而不決，妥洽未能，糾紛益甚，遂致釀成三月二十日之事變，竟至破裂而無挽救之方策，二年苦心，諸烈赤血，竟成泡影，本校之光榮，黨軍之成績，乃為此內部破裂四字而貽革命歷史上無窮之瑕點，能不悲乎？總之，此次事變，雖尚未審明其真相，然不得以個人問題，而牽動全局，尤其是中正以校長之地位言之，更不忍擴大破裂，至於不可收拾也。今共產分子為免除本軍內部之糾紛，均願以一律自動的退出，並期於他種工作上，共同奮鬥，其態度之光明磊落，實足為吾同學將士所欽佩。蓋以其少數幼稚分子之謬妄，而歸咎於其全部，於心已有所不忍，而說其願自動的退出，且無一句異詞，是其愛本軍與本校之心，於此可見。而其坦白為懷，毫無自私之見存於其間，亦皎然明矣。吾今願同學將士，試一平心反思之，聯會與學會之出發點，究在何處，其立足點又在何處，是豈憑空而產生乎？抑有所本乎？今日所稱學會與聯會之幹部、共產與非共產之分子，非皆出自我總理所首創本校之同學乎？如無總理，安有今日之本校，更安有今日之學會與聯會乎？如此，當知聯會與學會皆產自本校，而其出發點，自在本校，而其立足點，亦皆在本黨與本校之上。無論學會或聯會之損失，而其為本校與本黨根本上之損失則一也。今日退出本軍之同學，大部皆為聯會之成員，而學會之會員對之，不知其作如何感想也。以此為樂乎，抑以此為悲乎，以此為榮乎？抑以此為恥乎？嗚呼！同室操戈，自相殘殺之名詞，不幸加諸我本校諸同學將士之銜上。蒙此惡名者，是我諸同學。而使諸同學蒙此惡名者，實中正失德不道之所致也。中正誠無顏以見我總理與已死諸同志於地下矣。吾今特告本校各期同學曰：今日本軍分裂之現象，不惟革命前途上受一莫大之損失，即我諸同學凡為革命之一分子者，無形中亦皆受極大之損失，而我團體之損失，固不待言矣。各同學且知之乎？嗚呼！中正既不能防止分裂於未然，復不能補救設法於事後，不惟無以慰退出之同學，亦且無以見軍中之將士。同學乎，吾輩非皆昔日相親相愛如手如足同生同死之同志乎？而今則何如？學會與聯會，易地而處，則學會同學，又將何以為懷耶？如同學立於校長地位，則又將何以為懷耶？吾言至此，吾淚涔涔而不能復止。吾之革命觀念，本不許有感情容於其間，然而平心以思，此退出本軍全部之同學，其果人人誣衊總理人格者乎？其果人人違反三民主義者乎？其果可以敵人相待者乎？其果可以仇視相終者乎？其果無傷於已死之總理與諸同學之心乎？事已至此，吾實不能復抑吾之情緒而致我黨我校將士之難堪，吾不能不自悔吾處置之失當，以致吾親愛同學之分離，吾復不能不自認吾罪惡之重大，以失革命戰線之聯絡。吾敢直告於諸同學之前曰：吾不願使吾退出本軍同學之難堪，吾不忍本校之同學終久分裂，如在隊同學，仍予離隊同學以難堪，或為外人利用，而不自知其環境之惡，則中正惟有與粵人作長別，不忍坐視本軍之解體，使我數萬將士，皆陷入於自殺之途，而致我手創革命之基礎，仍覆亡於我之手也。吾惟望吾離隊之同學，不再誣衊總理之人格，實行三民主義之工作，一本親愛精誠之校訓，不宿怨，不尋仇，不灰心，以光明之態度，親愛之真誠，捐棄前嫌，續歡同學，人非木石，誰能無感，吾知軍中同學，必能坦懷釋疑，恢復舊誼，終有共同努力於革命戰線之一日也。如從此以後，勢成騎虎，兩不相下，一方以報復為事，一方且防其報復，水火冰炭，終不相容，必至同歸於盡而已。吾今復敢以一言進告於同學曰：吾對今日之內部，吾不能問其是學會與非學會，是聯會與非聯會之別，吾祇能問其是同志與非同志，是同學與非同學之分也。吾祇能問其是與非，情與理，橫暴與親愛而已。如昔日之聯會，驕橫暴戾，不可一世，而忘本者，吾必以校長資格懲之戒之。凡為本校之同志與同學，其能團結聯合始終如一者，吾必親之愛之。革命黨員，以革命為前提，報仇挾嫌者，固非革命之男兒，而防人之報復，怕人之挾嫌者，亦非革命黨之所為也。革命黨員固無懷恨挾仇之事，亦不怕人之懷恨挾仇也。而況同生死共患難之同志與同學，有何不可解釋之仇乎？情理不能埋沒，是非自有定論，中正惟有以總理之志為志，總理之心為心，不偏不倚，公平正直，惟期團結內部精神，實行三民主義，共同努力於國民革命而已。吾同學其思之，其重思之。」

宴退出第一軍黨代表及CP官長，即席演講。略曰：「三月二十日那天的事情，當時經過的情形，我今天約略同大家講明一點。不過政治的內容，革命經過的事實，或是將來歷史上拿我給各同志的信，及我和幾個同志時常所說的話，可以證明這回事實，但這要等我死了之後才可完全發表。」

又曰：

「只舉其中很輕微的一件事情來說，當三月二十日事情未出之前，就有一派人想誣陷我，並且想破壞本校，就造出一種空氣，說校長是不革命的。這不革命的話，分明就是說反革命的話一樣的，拿不革命的話，來加我反革命的罪惡，你想可痛不可痛呢？從前法國大革命的時候，要推倒一個領袖，沒有事實可證，就拿一句不自由不平等的話，來加他領袖的罪惡，利用一般失卻理性的群眾，來推翻他的領袖。現在這回幾乎也拿反革命不革命的話，來加我的罪名，使我不能革命，但這不過是局部的一二個人的陰謀。我相信我的學生無論那一個，一定不會講我是反革命的，一定不會講我是不革命的。」

又曰：

「我是來革命的，我是要擔負革命責任的。如果有人為個人權利之見，想來推倒我，或不滿意我，那是我可以退讓的，絕不肯戀棧一刻的。若是為此不許我革命，並且附加我罪名，使得我此生不能革命，而且要汙衊我一生革命的歷史，這就不行了。又或推倒了我之後，就要搖動本黨基礎，使得三民主義不能實行，使得全軍全校同志失去重心，沒有人來領導，弄得我們總理辛苦艱難締造的這個團體，四分五裂，不可收拾，使得全部同志學生們，因為我一個人放棄責任，而不能完成其革命的使命，使得我學生失去了中心，無法團結，弄得軍校出身的同志，任人汙辱唾棄，支配一切，本黨革命光榮的歷史，竟為我一人灰心而致敗壞，這是本校長所更不忍心的。如果這樣，怎麼對得起總理和各位同志？我敢大膽的說一句，如果我放棄責任，因灰心而去了之後，我以為不單是三民主義，要受一個很大的挫折，就是共產主義，在廣東還是不能立足。」

又曰：

「至於二年以來，我對於共產學生親愛的精神，是不言而喻的。對於黨代表制度，我不僅是贊成，並且是我自己所首倡的。為什麼要拿我自己所首倡的制度，由我自己手裡來摧殘，並且使得自己親愛的同志學生，手創的軍隊，願意拿來破裂呢？我想各位不待我說而能了解其中曲折的。」

又曰：

「以後我們要改正的事情，亦要同各位講一講。第一、凡是一個團體裡面有兩個主義，這個團體一定不會成功的，而且一定會發生衝突的。尤其是一個團體裡，有二個中心，有二個領袖，這個團體，不但不能堅固，而且一定要分裂的。大家曉得，國民黨是以三民主義來做基礎的，共產分子加入國民黨，認定現在中國革命的需要，是三民主義。這是無論那一個國民黨員，皆能從客觀而認識的。所以共產分子，儘管信仰共產主義，而他的環境的需要，一定是三民主義，所以一定要做三民主義工作才行。第二、國民黨的領袖，只有總理一個，不能夠認有二個領袖。這兩件事情，一定要做到的。不然，無論怎樣講法，只有一天分離一天，絕對不能團結起來的。」

又曰：

「總之，三月二十日的事情，完全要由我一個人來負責的。如果說我欠缺手續，這是我承認的。但是我的本意，是要糾正矛盾，整律紀律，鞏固本黨革命基礎，不得不如此的。」

時席間有人詢李之龍看管情形，公略報告事變經過後，告之曰：「李之龍究竟是自己的學生，如果我的學生不好，就是我自己不好，然而現在一時不能釋放的。對於這件事情，我處置實在覺得困難。好像家裡的子弟，不僅要謀陷他父兄，而且要出賣他的父兄一樣。有這麼事情出來，做家長的，簡直是慚愧極了。所以大家要明白我處境之苦，真是有口莫辯。要是革命性薄弱一點的人，看見這種現狀，早已放棄責任走了，如果這樣，還能算是革命黨員麼？還能繼續總理的生命麼？還能領導你們同志學生，提起革命精神麼？」座中皆帖然無言。

自經中山艦事變後，校中禁止組織小團體，是日孫文主義學會解散。國共界限雖分，雙方未至決裂，而仍得維繫合作至東南奠定之後，實公之精誠毅力，有以致之。而終至分離，斯則必然之勢，無可挽回者。然我國民黨之基礎，已日固矣。

對高級班訓話

高級班學員，為共產派之退出軍隊者。開學之日，公施訓話。告以共產黨之立場，與中國革命之需要，茲錄其尤要者略如下。

就中國國情言曰：

「我們須知道中國革命的情況，與列強不同。若是實行國民革命，一定不久便將成功。而現在共產黨單獨的革命或專政，一定是不會成功的。譬如實行國民革命，三年可以成功，而實行共產革命，至少是要三十年乃至一百年，或不會成功。照這種情形看來，中國現在是需要國民革命，領導中國國民革命的，是中國國民黨，這是全世界都承認的。我們一定要在大處注意，要懂得需要一個革命中心。」

國情既說明，乃又引俄法為例，言中國今日亦必須承認國民黨為國民革命的唯一指揮者。曰：

「如法國革命，便因革命指揮不統一，發生了多頭政治，彼此衝突。結果革命不成功，內而造成拿破崙的帝制，外而造成梅特涅的專制。反之，俄國革命便因黨的組織統一，指揮集中，有唯一的領袖指導，遂收大效。我們又要知道國民黨員是不能加入共產黨而取消國民黨的。因為國民黨是代表各階級利益的黨，中國現時正需要這樣一個革命黨，來領導國民革命。做共產黨員，必須承認國民黨是國民革命的唯一指揮者。」

此語雖相隔十餘年，自合作抗戰以後，實具更重要之意義。今者，國民革命益趨於勝利成功之途，共產黨員信仰共產主義，欲求其發展，以環境之需要，亦當輔助國民黨實現民生主義，促進世界大同，不當復持打倒資產階級，主張無產階級專政等褊狹之見。能如是，民眾不特信仰國民黨，且亦尊敬共產黨，今日之聯合以抗戰者，他日亦可相資而建設，此在中國共產黨，亦應有所覺悟者也。

就任國民革命軍總司令

十五年五月，中國國民黨第二屆中央執行委員會第二次全體會議，發布對時局宣言，接受海內外出師北伐之請願。六月五日，國民政府任公為國民革命軍總司令。吾黨北伐之大計，至此始定，公之主張，亦至此始得貫徹。七月九日，乃在廣東東校場，舉行國民革命軍總司令就職典禮。國民政府委員會主席譚延闓給印，中央黨部代表吳敬恆授旗，委員孫科奉總理遺像，各致勗詞，公謹受宣誓。宣誓畢，校閱。場中總指揮李濟深。警衛司令錢大鈞。司禮張治中。參加者，合民眾五萬餘人。發宣言通電。夜宴會。公曰：「今日不見總理親授旗印及訓誥，而乃使我負領導革命之責，傷感曷已！」初，於七月一日，已下北伐部隊動員令，以肅清湖南會師武漢為目的，軍事已如計畫進行。是日，鄂軍夏斗寅師進佔湘鄉。次日，各軍遂佔領長沙。由是而鄂贛而閩而浙而蘇，至次年三月，遂奠定東南。

復張溥泉函

張溥泉先生嘗貽公書，責公對舊同志太冷酷，蓋指當日堅決主張反共者言也。公致書復之，略曰：

「本黨與共產黨合作，為總理在日所確定。革命勢力必求團結，共產黨主義，雖與本黨有別，其致力革命則人所共認。本黨今日策略，既與其他革命勢力合作，而仍欲排除，豈非矛盾？今日吾人所以與共產黨合作者，斷定國民黨斷非共產黨所能篡竊而代之也。前提議決，則無論共產黨有否謀代國民黨之計畫，而弟以為必無可能之事，此弟所敢自信也。故本黨所尚須討論者，非與共產黨應否合作之原則，而在與共產黨如何合作之方法。聞近有以賣國賣黨詆弟者，弟謂今日無賣黨與賣國問題，祗有敗黨與亡國問題，誰為敗亡？惟不努力革命，祗愓愓焉懼人之吞食，此黨國敗亡之所以不能復振耳！」

又曰：

「至責弟對於舊同志太過冷酷，不及總理之寬大，則尤有說。弟既團結革命勢力，則凡屬革命同志，皆極盼望共合作，豈對於久共患難之舊交，反為歧視；惟既以革命為前提，則與革命工作有妨礙者，又豈能多所顧惜？」

又曰：

「去年之西山會議，今年之上海大會，（上海大會為十五年七月十日事。公於五月開二全大會中曾提整理黨務案，對共產黨確定合作之理論基點有四，與譚孫聯署又獨提國共協定條件八項，對共產黨之活動有所限制，上海大會反對之）弟皆表示反對。此則黨紀所在，無可通融也。弟以為欲革命成功，必澈底做去，不妥協，不姑息。總理革命四十年而未成功，其原因甚多，然亦未始非一般老同志從旁掣肘，使總理不能逕行其志之所致。」

又曰：

「弟追念總理最後之付託，與今日革命之環境，不論如何艱難困阻，皆不敢稍棄其責任，成敗利鈍，既所不計，毀譽榮辱，更何容心？如弟為個人計，正可藉灰心或高蹈為名，乘機休養，則誰不以我明哲保身為得策，然而於國家與革命前途，將為何如耶？弟今願對黨完全負責，不稍存觀望與推諉之念，他日本黨有成，固為黨員人人之義務，萬一不幸而致敗亡，則弟個人獨負其責也。惟本黨之覆轍，實不忍明知再蹈。」

又曰：

「兄以愛黨之故，不敢輕徇私交，此弟所深佩。惟愛黨必以其道。因革命勢力必求團結，不能懷疑及於總理所定與共產黨合作之政策。因革命手段必須徹底，不能稍違總理晚年嚴整紀律改造本黨之精神。兄為真愛黨者，或能聞弟言而首肯歟？北伐成敗，關係黨國興亡，弟所欲求教者甚多，倘能惠臨長沙，共商至計，不勝大願。」

書中又有曰：「博寬大之美名，而誤革命之大計，非弟所忍為也」云云，語氣可謂堅決。

公生平行事，忍辱負重，自信不惑，而確繫黨國成敗，民族興亡之重者，厥為抗戰以前之對日交涉，與北伐以前之對共處置。而其當時所以必堅持與共合作者，一則以革命勢力必須團結，一則信國民黨斷非共產黨所能篡竊而代之也。

汀泗橋之捷

八月中戰事，以汀泗橋一役為烈，亦為北伐中之一大戰。初，於羊樓司會議議決，第四軍陳銘樞張發奎兩師由崇陽通山。第七軍及第八軍之一部由蒲圻。第八軍何健劉興兩師沿江下嘉魚，分四路會攻汀泗橋。其地形勢既險要，橋上敷設鐵絲網，附近工事堅固。宋大霈率殘部，由平江、通城、岳陽一帶，退扼於此，合後方生力軍，計共二萬餘人。吳佩孚復率劉玉春師親自督戰，其重要可知。我軍於議決後，如計畫進行。至二十七日，卒為我第四軍攻克。公喜曰：「由此會師武漢，障礙既除，可指日而待矣。」明日，乃致電陳可鈺陳銘樞張發奎嘉獎之。曰：「汀泗橋夙稱天險，乃我軍一鼓而攻下之。負嵎逆軍，殲滅殆盡，非兄等籌策攸宜，將士忠勇用命，疇克臻此！」至月初，又攻克賀勝橋。然公於汀泗橋下後，遂決計捨武漢而親往江西督師。

攻贛鄂計畫變更之曲折

汀泗橋下後，公本令第六軍迅進鄂城，第一師抵岳州後，繼續前進。後忽下令，命該二部各停止原地候命。江西問題，公本謂俟中央軍到達武漢後，不難解決。及二十九日，回汀泗橋，審察形勢，乃變更計畫，決心親督江西之師。蓋不願居克復武漢之殊勳，杜絕共黨挑撥，再啟內部爭端也。至九月中旬，並令參加武昌攻城之第二師，亦離鄂至贛。歎曰：「壓迫牽制，動遭監視，革命環境至此，惟有忍痛而已。」此中曲折，至十六年實行清黨以後，始明言之。

克復南昌之始末

一、決定對贛作戰計畫

初，公電何應欽指示對閩機宜時，並有電致李總參謀長濟深，論閩敵形勢。電中有以理與勢觀之，閩寧兩方，得贛比攻粵為要之語。至八月二十五日，乃決定對贛作戰計畫。電李、何及醴陵朱總指揮培德，分三時期，縷述甚詳，後依情況，雖未適所定之計畫，而於戰略上則有所變更。其計畫之大要分三時期：第一時期為我中央軍克復武漢時。第二時期為我軍尚未決心攻贛，而閩周已犯我潮梅時。第三時期為閩周不犯潮梅而援贛時。謂在此三時期中，無論敵方行動如何，我軍皆以進攻江西為唯一方針。其後所用為第三時期之方略。惟援贛部隊，非閩之周蔭人，而為蘇之孫傳芳。孫為生力軍，極精銳，故戰略乃不得不變更。

二、第六軍襲擊南昌得而復失

公自八月初變更計畫後，力籌攻贛之策。九月一日，令賴世璜限期攻下贛州。又令岳州第一軍軍部及第一師，輸送至長沙轉赴瀏陽集中。其原駐瀏陽茶陵之第二第三軍，除各留一團外，迅即集中醴陵，第六軍則依前令集中通城。次日，電總指揮朱培德，指揮魯滌平、王柏齡等，令以第二第軍之主力，進攻萍鄉、萬載，或袁州、萬載後，折出銅鼓，協同第六軍夾擊修水。而令第一軍第一師在瀏陽策應，以為總預備隊。

時孫傳芳竭全力對付贛局，原集重兵於九江、修水一帶，企圖乘我進展時襲我側後。但我贛南贛西各軍，均甚得手。第六軍於攻克修水之役，已將逆軍謝鴻勛股殲滅過半。第七軍在鄂，攻下鄂城後，集中大冶，準備進攻九江，故可無慮。乃改定部署，令第二第三兩軍，由萍鄉進取分宜、上高，再向清江、高安、奉新之線，攻擊前進。第六軍及第一軍第一師令出修水，進攻武寧。贛州之賴世璜部，除留必要兵力，固守原防外，則令以主力協同譚道源師，迅攻吉安樟樹，以為會攻南昌之備。

公於九月十九日，由長沙出發，赴贛督師。是日，第六軍襲擊南昌。以學生工人及省署警備隊內應，入之。越日，盧香亭率部由九江馳援，我軍復撤，二十二日，程軍長潛，脫險到萬壽宮。

三、再攻南昌下應敵令

第六軍自南昌城暫撤後，與敵激戰於南潯鐵路車站附近。公亟電令李軍長宗仁，乘虛迅佔九江，斷敵退路，並設法與程軍聯絡。至十月初，乃決定計畫。南路公親自指揮，由高安猛攻南昌。北路歸白總參謀長崇禧指揮，由武寧再襲德安。公二日正午，抵高安城。晚得報，第三軍突破萬壽宮正面之敵，奪獲無算，士氣為之一振，公心略慰。三日，第七軍克德安。五日，復失，而第二軍攻克樟樹。樟樹下後，公電魯滌平、白崇禧，令第二軍仍向南昌猛進，主力應用於右翼，以堵截敵竄撫州之路。第二師相機在市汊附近渡河，以為左岸之預備隊。七日，第六軍及第一師佔領建昌後，繼續挺進，與由德安退箬溪之第七軍取得聯絡。八日，第六軍及第一師克永修涂家埠，第三軍攻南昌車站，第一軍第二師攻南昌。九月，第一軍第二師及第二軍第五第六師，追敵至南昌東南門外，佔領陣地。

此次孫傳芳挾五師八旅之眾，全力來犯，至此幾皆為我軍擊潰。其中全滅之部隊，約有半數，故公電中央有「如能不失機，進取東南，當無問題」之語。

我軍既逼臨南昌城下後，於十一日，肉搏衝擊甚烈。至次晨，未攻入，公與魯指揮官白總參謀長計議後，即往第二師北門陣地，準備夜半再攻。至夜，方進行中，城敵之敢死隊突自城根之地道出，包圍我第六團，全團幾覆。而我軍所預定之信號，亦為敵偵悉，公以軍機不密，與黑夜混戰之失策，深自引咎。然念如不於是夜攻擊，第二師必全為敵圍，則又自幸矣。

十三日，敵縱火城外，房舍盡燬。居民具狀籲請撤圍，公許之。乃於午後在南昌南門外下應敵令略如下。「一、敵軍岳、唐、張等殘部約五六千人，負固南昌城，似有死守待援之模樣。蔣、唐及兩楊敵軍殘部現麇集撫州附近。我軍進擊部隊，九日已抵樂安城。我第三軍現正與據守南昌車站及樂化一帶之敵激戰中。我第六第七兩軍及第一師，現已由修河北岸地區，向德安、永修之敵攻擊前進中。二、我軍為集結主力，先殄滅南潯路敵之主力起見，擬於本晚暫撤南昌之圍，待機再攻南昌。三、第二軍撤圍後，應扼守豐城、三江口之線，牽制南昌之敵，並與第十四軍進攻撫州部隊，切取聯絡。相機協攻撫州。四、第二師撤圍後，應迅速退至贛江左岸，在生米候命。」

此次撤圍，蓋一方面順從民意，而戰略上亦以南潯路敵頑強，撫州敵有反攻企圖，故決撤回，增加至南潯路及對撫州警戒，俟肅清南潯線後，再圖攻城，是役殉職者，團長六人，文志文、張漢章、廖新甲、鄧赫績、陸綬、呂演新。團附一人，熊綬雲。均請卹如例。

四、擊潰南潯路敵克復南昌

十一月二日，我軍對南潯路，施行總攻擊。是日，即佔領德安。公電李宗仁、白崇禧令向建昌涂家埠速攻。三日，第三軍第七師佔領蛟橋後，圍攻牛行。第六軍進攻蘆坑，破之，即向樂化攻擊前進。公特電勉獨立第二師師長賀耀組，令殲馬迴嶺敵。以下此，則九江可迎刃而解也。四日，第四軍與獨立第二師，擊潰馬迴嶺敵之主力，即向涂家埠進攻。五日，賀耀組電告克復九江。時敵之主力在涂家埠，我軍除向牛行及迫近南昌者外，亦悉會集於此。是晚，我軍大破敵於涂家埠。得程潛告捷電，公乃大慰。

當佔領九江時，惟周鳳岐與我軍相通款，退走湖口外，餘均繳械。佔領涂家埠時，敵之輜重，完全委棄。是時南潯路敵之所憑以與我抗持者，惟牛行而已。

初，第三軍第七師於三日佔蛟橋。第六第八兩師同日佔狗子山、朝天嶺後，於次日即向牛行攻擊前進。參加是線戰爭者，又有第二軍第六師，與總司令部警衛團。五日，會攻敵於象山、牛皮墳、冷井、馬鞍山、下羅家、朝天嶺、北峯腦之線。而第二軍之第四、第五兩師，則進至青雲譜，迫近南昌。公又電催魯滌平、賴世璜，令第二軍第十四師速進逼南昌城，以其主力使用於南昌之東及東南，堵截敵軍東竄之路。牛行敵，至六日乃退卻。

七日，公得南昌車站敵宵遁之報，急令各軍搜索追擊。下令後，由陽靈觀出發，至南昌車站，與朱總指揮培德商定監視城敵計畫。由第六軍四團，第七軍兩團，及補充第四第五團等，編組進擊隊，由白總參謀長率領，渡河追擊。又令第三軍及第六師亦渡河，第二軍第十四師迅速截堵。是日南昌城內，尚有敵三千人，已懸白旗。八日正午，敵陸續出城，本軍派警衛團入城，維持秩序。民眾歡迎革命軍，莫不歡欣鼓舞。九日晨起得報，白總參謀長在漢口附近，繳獲敵械萬餘桿，俘獲其師旅長及士兵二萬餘名。公曰：「孫逆五省之兵力，除孟昭月旅外，鮮有孑遺。我軍以二萬官兵之犧牲，殲滅敵六萬餘人，雖痛定思痛，而東南之大患已除矣。」至此布告安民，南昌遂告克復。

南昌克復後在總部紀念週演講

總司令部舉行總理紀念週，公主席演講。略曰：

「我們做一個人，沒有一時一刻不在戰鬥中的。我們自己要把精神振作起來，使一日二十四小時都像在戰線上。要明白這個道理，自己的精神才不會墮下去了，才能時時刻刻緊張起來，辦事才能辦好。」

又曰：

「各位要曉得，現在戰事雖然得到勝利，我們勝利的基礎，還是沒有。例如我們得了南昌，但是市面經濟全無頭緒，物價日貴，各種交通實業，沒有恢轉來，經濟基礎，沒有穩固，這種勝利靠不住的。我們對於這點，要非常注意。」

言至此，並表示主張，謂須設立經濟委員會，專門辦理經濟事宜。乃續言曰：

「切不可因為現在得到勝利，就目空一切，現在我們更要提起精神，勵精圖治，使黨務發展起來，民眾組織起來，政治力量擴張起來，經濟基礎鞏固起來，我們的勝利，才可以維持擴大下去。」

以上所言，洵為當時切要之論。而在今日抗戰勝利將屆，規畫經濟復員之時，實尤足資考鏡焉。

卷三

講民族主義

講三民主義至民族主義時，公曰：

「我們的民族主義，並非是貪圖中國民族之強大，要同其他民族一樣去壓倒一切弱小民族。如此，便是帝國主義，不是民族主義。請諸位認清，民族主義既在求中國民族之獨立平等，就推而至於求一切民族之獨立平等。中國的民族要求獨立平等，一切弱小民族也要求獨立平等。我們不願受帝國主義之壓迫，也不願一切弱小民族受帝國主義之壓迫。」

此語與其後告友邦各言論，及最近中國之命運一書所言，皆可互證。足以表示世界大同之真諦，而見公光明磊落大公無私之精神。

往訪山本條太郎

嘗往訪山本條太郎。山本與公談中日親善，公曰：「日本如欲與中國親善，須從根上著手。即對高麗、台灣，亦應予以獨立。能扶助弱小民族獨立，則豈特中華民國願對日親善而已哉？」此即前條民族主義之立場。

始時行清黨

民國十六年三月二十日，南京克復。四月一日，武漢政府突下令免公國民革命軍總司令職。國中雖三尺童子，無不引為駭怪。軍中聞之，尤為髮指。公惟以努力完成國民革命為勉，蓋國民政府與中央黨部，自三月初遷武漢後，即為共產派把持，故乃有此令也。時自好之國民黨員，已往者均紛紛思自拔。未往者則留不復往。而共產黨之倒行逆施愈甚。至四月九日，中央監察委員吳敬恆等，在滬召集緊急會議，通電護黨救國。十八日，國民政府奠都南京。自是始時行清黨。

國民黨之立場

國民政府奠都南京之日，公發告民眾書，中說明國民黨之立場，有曰：

「國民黨的立場，至少和共產黨不同的地方有三。一、我們是謀中國全民族的解放，所以要各個階級共同合作，不是要一個階級專政，使其他的階級，不但不能解放，而且另添一種殘酷壓迫的痛苦。二、我們認定民族當有處分自己之權。自己解放後，更當為其他被壓迫之弱小民族謀解放。須以獨立自由平等的資格，去參加世界革命。不當隨便被人拉去利用，忘了自己民族的痛苦，而妄談世界革命。三、我們既為解除全國人民之痛苦而革命，所以必須於革命過程之中，減少人民所受的痛苦，努力從事建設事業，使社會有正當發展的道路可達。」

此外又告以國民黨自有確定之政策，不能任意供人試驗云云。同日又發告國民黨同志書，中言「民生主義即是共產主義」一語當有辨。曰：「總理定名民生主義之時，即聲明非因襲何人之成說。說民生主義就是共產主義，乃於取喻之時，就其最後目的之一部份，及其字面之泛義而言。」又曰:「故總理在同一講演又言:『我們所主張的共產，是共將來，不是共現在。』」是又辨明民生主義之立場也。

吳稚老面斥汪兆銘

在護黨救國運動之前，汪兆銘既表示與公合作，忽與中國共產黨首領陳獨秀聯名共發宣言。而宣言之後，突又就公談黨務政治。時吳稚暉先生亦在座，逕面斥之，目為附逆無恥分子。汪於次日，遂潛赴漢口。小人之反覆無常，於此可見。

鮑羅廷之瘋狂跋扈

十六年一月十二日，公到武昌。晚宴會，顧問俄人鮑羅廷面辱公，公不與計較。惟自矢必伸中華民族之正氣，以救黨國。謂「外人其亦知吾國之不可輕侮乎？」其事後，於四月間黃埔同學會演講時，曾述及之。鮑當時面辱公情形如下，曰：

「你懷疑共產黨在國民黨裡搗亂，這是不對的！蔣介石同志，我們共事已三年了，我們所做的事，你應該明白！如果那一個有反對共產黨的行動，我們老實不客氣，無論如何，要想種種方法打倒他的，你應該明白！」

最後又曰：

「如果有反對共產黨的，當惟校長是問！」

即此數語，可以想見其瘋狂跋扈之狀。故公謂其有意激怒之，使之消極辭退，殆非過言。而公之忍辱負重，則可於下列之言論見之。略曰：

「總理在生的時候，我無論那一個同志，或者有一句話與我不對，或者有點得罪我了，我馬上就要跑開，他現在就想利用這一點。但是我那裡還可像先前那樣不負責任的輕輕跑開呢？總理在生的時候，天大事情，都有總理來擔任，我走了是不打緊的。現在可不是了，如果我一走開的時後，中國就要被共產黨弄糟了。中國國民黨內共產分子，更要肆無忌憚，國民革命軍內部更要為他們挑撥離間，不堪設想了。中國革命根芽，從此就要斷絕了。」

其沉痛何如！其自負何如？未幾，武漢亦宣言驅共，鮑羅廷被逐回國。

獨立自由平等

在黃埔同學會講演，公曰：

「要求中國獨立自由平等，就不能給別國來支配統治。所謂世界革命，是求各民族獨立的。並不是要各民族受那一個民族來支配的。所謂世界大同，也是求各弱小民族的獨立自由平等，並不是求那個民族來任情壓迫支配的。」

此外又加以勉勵與告誡。略謂古人說：人必自侮而後人侮之，我敢說黨也必自滅而後人滅之。最後又曰：「革命無論成敗如何，總要光明正大，不可曖昧，不要做人家的工具。」革命者自當奉為寶訓。

徐州會議

十六年四月以後，寧漢成分立之勢。公於武漢，僅取防禦牽制之策，而繼續北伐不懈。六月一日，北伐軍克復鄭州。九日，馮玉祥到鄭。公聞之曰：「自此彼亦將入旋渦矣。苟有心者，自不能旁立作壁上觀也。」十七日，公抵徐州，越日，馮玉祥自鄭州來會，共議軍國大事。

初，公約馮氏在豫省外相見。馮復電，期在歸德會晤。公抵徐後，本擬待吳敬恆、李石曾諸公到，同往見之。時處置時局之大策如下：主張取消武漢政府，以閻錫山軍取平，馮軍取漢，革命軍取魯，與馮會議後決定。及十八日，得馮電，言亟欲來徐相晤，公乃留待之。次日馮至，談讌極歡。

二十日，舉行會議，集各委員與馮氏協商。晚，公與各委員詳談。至十一時，復召集會議。眾意主張由公與馮聯名通電北伐，取消武漢政府，未成議而散。明日，繼續會議，馮表示由彼個人請武漢政府取消，與公聯名通電北伐。議決後，馮即登車，公送之。又明日，公亦回寧。徐州會議，遂告完成。而徐州至七月二十四日，竟陷於敵。

馮氏後對武漢聲明其主張，共同北伐，以對寧漢。誰啟釁破壞北伐，即當討誰。徐州失守後，漢潯部隊，不即東向以攻寧者，馮此電與有力也。

十六年八月之下野

八月十五日，公宣言辭職下野。初，十二日開執監委員會。開會之前，公召集諸人預商，或主張亟遣使與武漢議和。公曰：「余惟有以中央執監委員之主張為依歸。」乃默然而散。會後有人質問公，並勸自決出處，以避目標。公乃決計引退。曰：「寧滬駐軍，皆我第一軍勢力，以之消滅駐滬叛離之部隊，當非難事，然余何人斯，而忍為此貽萁豆相煎之誚，重蹈太平天國之覆轍乎？且一不忍，更予帝國主義者以干涉之機，革命必將根本失敗，豈非勝亦不武乎？故決計引退，重建革命根本之圖。」乃遂於是晚離京回武嶺故里。十五日，發表辭職下野宣言。先述自出師北伐以來，共黨即施挑撥之陰謀，武漢同志不察，以致異議集於一身。乃隨說明不忍相煎之意。曰：

「中正毀譽得失，何足措意？惟當此軍閥待殲，共逆未淨，長此相煎手足，稽遲討伐，快心者伊誰，受或者何屬？」

繼之薰沐總理之教，所自矢者，惟認黨高於一切與捍衛黨基為黨員最大之天職二義，一切必本此以行。曰：

「由第一義言，進退死生，一以黨之利益為依歸。苟黽勉奮發而有助於黨，則肝腦塗地，遑恤馳驅？苟奉身引退，而有裨於黨，則接淅而行，自亦不俟終日。中正以此自矢，故昔日以黨之命令，不能不進者，今若認中正一退，可解糾紛，中正固無時無刻，或忘歸隱者也。由第二義言，則苟有侵蝕中國，篡竊本黨，如共產黨之所為，任何黨員，不能因識少有異同，而稍追其衛黨之天職，中正以此自矢，故他無堅持，惟堅持對於謀危本黨之共產黨，必須為真正之剪除。」

中述清黨經過，及所望於武漢同志者，言極分裂之處，語極懇切。曰：

「方期留滯武漢之同志，如約來寧，團結一致，共主大計，而機運未至，延佇徒勞，自此以還，遂令吾黨吾軍，形成分裂。軍閥殘運，藉以苟延，民眾視聽，失其明顯。三四月來，北伐進展，僅及魯境，昔也何銳，今也何滯？靜夜思之，可悟其故。」

時武漢方面，亦已宣言驅共。公因追思克復滬寧以後之忍辱。曰：

「果使滬寧甫下之時，中正不忍誣衊之相加，遽解兵而歸隱，則東南局勢，將作何狀？一切黨國軍政財務外交，將陷於如何之景象？其始也，必使本黨魂去尸存，而星移物換，終必使之跡絕影消，恐國民黨之名義，轉眼亦歸澌滅，豈容今日武漢方面，起為從容驅共之舉？」

以下言聯俄容共，當遊俄考察回國時，即主審慎分別，並說明反共驅鮑，乃為不得已之事。曰：

「中正之反對鮑氏，非為個人，實為三民主義及吾民族爭存亡。」

其中述共產黨搗亂之情形，有曰：

「以半出半入之黨徒，施或擒或縱之狡計。」

此二語，於當時之陰謀，尤為揭發無遺。最後又述己之去就願望及自勉之意。於去就略曰：

「中正敢言為黨之故死且不惜，而何有於其他？宵征朝發，何所戀棧？譴責懲戒，一切皆所願受。所蘄求者，惟在吾黨統一，吾軍團結，完成北伐與建國之二大使命。所願望者凡三事：一、要求雙方同志，悉擯外間挑撥之詞，盡捐意氣猜防之念。二、要求分駐湘、鄂、贛各地之武裝同志，併力北進，會同津浦線作戰之軍隊，一致完成國民革命。三、要求鄂、贛、湘諸地澈底清黨。」

於第二點，尤有誠懇之表示與督促。略曰：

「若非共黨中途搗亂，敢信北伐軍事，必早已完成。今急起直追，時猶未晚。會師燕冀，天下所望，豈宜頓兵徘徊，啟人揣測？中正敢言，軍中每一顆子彈，皆當為瞄準共同之敵人而發。戰士每一滴赤血，皆當為擁護三民主義而灑。」

又曰：

「中正何忍以久共生死之同袍，本由我引率而來北伐，再由我而身受自殘之禍，是不啻以革命始而私鬥終，始焉為主義而犧牲，今則為權利而私鬥，將何以對總理與已死之諸先烈也？是以中正雖疊接西來之情報，而終勉遏軍中之憤激，絕未增派部隊於皖境，始終對津浦之軍閥，至今猶奮鬥而不敢放棄。我多年袍澤之鄂、贛、湘武裝同志，又何所遲疑而不可共同一致，以盡掃殘餘之軍閥耶？」

述三願望後，乃曰：

「苟上述三端，皆得實現，全國統一，則搗亂不足慮，全軍團結，則軍閥不足平，全國團結統一，則帝國主義不足催。」

末以自勉作結，略謂今後對於黨國，仍以黨員之資格，努力於黨務，以國民之資格貢獻於建國，更以袍澤相從之舊誼對國民革命軍事，貢其一得而輔助其成功云云。其於黨於國之忠誠為何如？下月，東渡赴日本，未幾，朝野紛紛電請回國，乃返，至次年一月初復職。

朝日新聞披露論對俄絕交文

十七年元旦，日本大阪朝日新聞披露公「論對俄絕交」文。

對俄絕交事，於十六年年末，由中國國民黨議決發表。公論文中，說明僅與其國之共產黨斷絕關係，而於中俄兩國人民之感情，並無變動。其不得不與之絕交者，實以彼第三國際者指揮中國共產黨破壞我國民革命之故。出此斷然之手段，言之可痛。以後如俄國能改其態度，隨時即可恢復邦交。吾人固永不忘其援助之情，而以東亞大局所繫，對於將來的期望，仍屬殷切，此次絕交，純屬不得已之自衛手段。大意略如此。而後段則曰：

「吾人惟欲努力完成國民革命，以求中國之自由平等，如於我此種方向有障礙，不容我前進，則無論何人何國何集團，必先除去之，絕不姑息，不獨對俄為然。」

此語不啻向日警告，故當時日本朝野人士，見此文頗為震驚。

十七年一月之復職

去年十月抄，公在日感懷國事，嘆曰：「昔以為辭職以後，即可置身事外，專心修養，孰知無職思政，有志莫伸，更為痛苦耶？」既而張羣來謁，詳述各方情形，謂「無論朝野，皆甚屬望公，僉謂惟有公能任革命之責」云云，而國內張人傑、李石曾等，並致電促回。公亦以國家如此衰弱，待機不如奮鬥，於十一月初，即啟程回國。十二月一日，與夫人宋美齡女士結婚後，各方請公出山甚力，夫人亦勸公宜從眾意，公自念民心與時局以至於此，是不可已，亦決心再出。

十七年歲首，譚主席延闓樸被赴滬，表示欲下野，公聞其至，往訪之，力勸以黨國為重，譚初不為動。公告以己亦決心再起，譚氏乃喜曰：「介公再起，吾復何憂？」遂允與公同任艱辛，一月四日，公乃與譚主席同車返京復職。

公與譚主席晉京時，一路民眾，相率聚立車站歡迎。京中迎者尤多，途為之塞。譚主席語公曰：「君觀今日民眾之歡騰，則去年八月下野後，全國民心之皇，亦可知矣。」公大感動，益以奮勉報國、力謀民眾幸福為己任者自矢。抵京後，決定即復總司令職，先求北伐之完成，再謀全國之統一，乃電洛陽馮玉祥太原閻錫山二總司令，告以已於四日馳抵首都。明日，電呈國民政府，正式表示復職。

九日，發復職通電。茲錄致全黨同志與全國同胞電於下曰：

「中正疊受各級黨部及各軍將士之敦促，政府與民眾之督責，咸以北伐大業，亟待完成，仍令出任艱鉅，聞命悚惶，罔知所措，溯自去年八月，因黨內分裂，決然引退，原冀促成全體同志之團結，以謀本黨精神之統一。乃數月以來，本黨同志，雖奮鬥有加，而黨基動搖，糾紛益甚。各軍將士之犧牲甚大，而北伐反致稽延。追維過去，良用疚心，此皆中正曠廢職責，所不能辭其咎者也。目前特委會已宣告收束，中央全體會議猶在籌備，各種機關，儼同無形停頓。黨統中斷，政局不安，人心惶惑，軍情緊迫，險象至此，實不容計較私人得失，曠廢革命天職。爰於支日，馳抵首都，遵從中央黨部與政府之意旨，繼續執行中央所賦予之國民革命軍總司令職權，誓竭全力，策勵軍心，會師前線，重申北伐，擁護中央，以固根本。鎮懾紛亂，以甦民生。此為中正今日之專責也。至於黨務政治，應由中央機關主持。中正則當以一分子之責任，追隨中央諸委員左右，共圖規畫，同時秉承中央指導，以飭軍紀而利戎機。一面則負責籌備第四次中央全體會議，務使早日開會，確立黨基，但得中央復固，全黨一心，頑敵剷除，可期旦夕。一俟北伐完成，即當向中央正式辭職，以謝去年棄職引退之罪。中正此次再出，維繫絕續之交，效命艱危之際，痛黨國之分崩，念民生之凋敝，功罪利鈍，未敢逆睹，此心耿耿，惟求無忝；良以北伐不能再延，革命不能中止，急起直追，端資羣力，所望全黨同志，團結一致；全國同胞，共同奮鬥；鑒其愚直，賜以南針，黨國前途，實深利賴。」

奉方突增兵津浦線

十七年一月杪，奉方突增兵津浦線，何應欽來告。

公笑曰：「吾早意料及此，已令蔣鼎文等，不准離隊，慎以防之矣。」何氏深為嘆服。

致書中央全體委員

中國國民黨第二屆中央執行委員會第四次全體會議開幕後，公以分裂之後，復歸團結，萬一未能忘意氣之私，不能成會，則危險彌甚。特貽書全體委員，以利害告之。略曰：

「吾人如欲糾正過去之錯誤，以及防制將來一切有害於黨之軍事行動，更非迅速建主黨之中央實行權責不可。而此次中央全體會議之急重，更不待言，是故中正確認此次全體會議，實為我同志唯一懺悔的機會，懺悔之方法無他，在武裝同志，則宜確實尊重黨權，勿再受政客之播弄。而我中央同志尤宜盡蠲前嫌，勿再互相猜忌。」

又曰：

「革命大局至此，黨國危險已極，此次全會，設再破裂，必將演成全部混戰，兵士終必察知非為三民主義爭存亡，而不肯效命。民眾終必感覺新軍閥之可恨，與舊軍閥無異，而不肯容忍，則黨國崩潰，可立而待。故今日非一致努力，完成此次全體會議不可，吾人應純粹以黨之利益為前提，其他一切均應拋棄，亦無庸顧忌，以前彼此錯誤，不再追求，祇謀此後確實永久之團結。」

越日，於會議中提出對於黨務改治之徹底更始案，逐項親加說明，眾頗感動。其最要之改組各地黨部案，乃得當場通過。此次全會，亦終圓滿告成。公遂致力於軍事內部之布置組織，嘗謂「兵兇戰危，吾敢不慎之又慎，以其犧牲之必得相當代價哉？」識者謂吾黨正本清源之計，至此始定。而北伐勝負之數，亦先決於此，良有以也。

對日本記者談話

十七年三月六日，公接見日本記者：

「我中國革命之成功與否，不特為中國四億民眾之禍福所關，小而言之，關於東亞之安危，大而言之，係乎世界之治亂。並告以中國國民革命必成，此次繼續北伐，為我中華民族爭生死存亡之舉，事在必行。望各友邦對我革命之進行，勿加阻礙。尚望諸君為我轉達於日本國民與政府。」

云云，高瞻遠矚，微公孰敢為此言。而包藏禍心之日本，不久遂出兵濟南，以阻撓我革命矣。

繼續北伐時重要文告略述

公此次出發前方督師，臨行勉後方同志曰：「軍閥不除，前方將士之辱。主義不行，後方同志之恥。」一意以完成北伐統一中國自勉。到徐州後，發各方文告甚多。於將士則告以愛民、守紀律，於人民則慰其痛苦、勸其忍耐，茲不具述。惟略著其告北方及海外者於下。

告北方民眾略曰：

「慎勿惑於軍閥所散布之謠言，存南人北人之見。或以為革命軍祗知破壞，因而對於革命軍之來，有所疑懼。中正敢鄭重聲明於我北方同胞之前曰：一、革命軍紀律素嚴，以愛護百姓為職志，絕對不敢為擾民之行動。對於北方同胞之風俗習慣，亦必極力尊重。二、革命軍深知北方人民，受軍閥壓迫已甚，不能更增負擔，所至地方，絕對不籌軍費，並當蠲除軍閥時代橫征暴斂之各種苛稅。如有不良軍隊，擾及民眾，可即據實陳告，中正必執嚴法以繩其後。」

其於士兵，則告以明順逆，辨是非，謂軍閥必須消滅，決無妥協餘地，其他將士，祇須服從國民政府，信仰三民主義，即可與本軍同膺腹心干城之寄。情詞懇切，故義旗所指，莫不景從雲附。

告海外書二。一與僑胞，略曰：

「本黨未嘗一日敢忘海外同胞，惟必國民革命完成，中國能躋於自由平等之地位，而後海外同胞能享其真正之幸福。且國民革命完成，三民主義實行之時，則地盡其利、人盡其才、物盡其用、貨暢其流之國家，得以建設成功。海外同胞亦得以其資財或專門技術，為祖國振興實業，然非此次北伐勝利，掃除軍閥，統一中國，又豈能達此目的？深冀海外同胞，念北伐關係之重要，共同奮鬥，繼續努力，於最短期間，以完成國民革命之大業。」

其一為與友邦人士，略曰：

「第二次大戰，將首以東亞為戰場，如世界各強國皆捲入漩渦，其禍必更烈於世界第一次大戰。蓋中國問題與世界關係之重要，視巴爾幹問題為甚。而中國終不能忍受列強之任意處分，亦非巴爾幹諸小國之比。」

至此，乃聲明中國問題祗有中國人自行解決。謂此北伐即所以謀中國問題之正當解決。且直接為中國國民求得獨立自由平等之權利，而間接即所以促進世界之和平。爰懇切告之曰：

「中正敢以國民革命軍總司令之名義，為極負責任之聲明，我國民革命軍所到之地，絕對不致有排外之行動，革命軍對於外人之生命財產，必與本國人民同為極嚴密之保護；同時亦願我友邦人士，曉然於接濟軍閥，即所以延長中國內亂，而妨害世界之和平，應立刻停止其售賣槍械，或秘密貸款於軍閥之行為也。總之，中國革命終必達於成功之境，有以友誼匡持扶助之者，中國人將永感之，若以無理之干涉，障礙其革命，則亦徒招中國國民之怨恨與反抗而已。」

此二書當時影響於海外之觀感亦甚大。詩云：「矢此文德，洽其四國。」制勝之道，非獨在武力而已。

克復濟南

十七年五月一日，北伐軍克復濟南。初，公在徐州，發各方文告後，於四月八日，下總總攻擊令。計十一日克復邯鄲。十二日克復台兒莊。十三日克復韓莊、臨城、鄆城。十四日進迫滕縣，直魯軍下令總退卻。十五日進佔鉅野。十六日克復嘉祥、石家莊、馬山村。十七日克復濟寧。十八日克復大名。十九日克復寧陽。二十日克復兗州、曲阜。北軍歸路被截，軍心大搖，北京已震恐戒嚴。公以濟南當無問題，而日本於十八日忽出兵，二十日開至濟南。公乃嘆曰：「天下竟有有強權無公理如此者。然余尚期以政治手腕解決，毋令北伐被阻也。」仍規畫戰事如故，至二十三日，乃下第二期作戰計畫總命令。濟南終得如期克復。且令劉峙、賀耀組等，以第一、第二、第三、第四各軍團，分向膠濟路及黃河北岸德州窮追而勉之曰：「乘戰勝之威，以迅雷不及掩耳之勢而行之，即倭寇無如我何，諸君勉之，統一在掌握中矣。」故至三日慘案發生後，迄公脫險出城，北伐仍得進行無阻者，實此冒險急進之效耳。

濟南慘案

五三濟南慘案，日人所施於我之暴行，國人無不知之，無俟贅述。茲將當時經過，外間所未及詳知者，略著於此。

慘案發生後，公聞訊，即下令約束隊伍，不許外出。通知日軍司令福田，亦不令兵士外出。雙方先撤回軍隊，俟調查後，再定辦法。時交通已被日軍阻斷，未達。正午，公令城外軍隊，於五時前離開近郊，再派人通知福田。得復書，謂願與我方開一會議，澈查肇事原因。下午二時，日方派人來見公，言其司令官之意亦如此。及五時，我軍已奉令離開近郊，日軍槍砲之聲不絕，公認為日軍平日紀律不嚴，故士兵未能服從其司令官之命令。而於福田要求開會之請，允之，並促速派代表來會。至夜十二時半始得復，反要求我方派人赴日軍司令部。公怒其無誠意，斷然曰：「吾不派代表，辱我國體也。」已而福田回言，謂另覓一中間地點開議何如？公乃指定交涉署左近為議場，派熊式輝為代表前往，至次晨五時回，無結果。

是日，我方先往與日軍交涉者，為外交部長黃郛。初，黃外長料日軍到魯，恐有衝突，已早到濟南。慘案起後，正擬往日領署交涉，會日軍參謀河野，派憲兵來外交部臨時辦公處邀商辦法，同時公亦屬黃氏就近前往交涉，黃氏遂往晤河野。擬雙方派人阻止射擊後再談判，日方否認之。且態度強蠻無禮，福田既未會見，河野不數語自去，久之，一排長持一紙來，上書：「今日衝突由中國革命軍，搶日人東西，並打日人而起」云云，迫黃外長簽字，黃氏憤而拒之，繼來一班長，以手槍相脅，黃氏仍不為動，誓死不簽。後又一人，持調查報告單來，單中有「目見一日兵，被中國兵殺死」等語，又強迫簽字，勢更洶洶。黃氏乃提筆於單上寫「此單我已閱過」六字，始得放回。歸後語公：「此辱向未嘗受。」公曰：「如此無禮於外交部長，乃國際上所未聞，彼自損國格，於我何有？」

及熊代表前往與日軍代表會議時，日方提出條件如下：

一、凡濟南商埠街道，不許中國官兵通過。

二、膠濟路與津浦路鐵道，不許中國運兵。

三、中國軍隊一體全數退去二十里之外。

當會議時，在每兩分鐘，擲一炸彈，發砲一聲。一面迫熊代表火速簽字。熊氏怒與爭辯，堅持不惟有損兩國國交，亦且有關兩國國格國體，卒拒不簽字。日人無奈，至次晨，始放回。公慰勞之，且歎曰：「日本軍人如此作為，日本國家與人民，將不勝其憂患矣，豈天將禍我東亞乎？」

交涉既無端倪，公乃一意為應戰之準備，四日傍晚，日軍聞公布置應戰情狀，乃心怯而態度和緩。駐濟之英美領事，亦出而調停。公於此乃益覷破日軍對我阻滯北伐之狡計，遂決令各軍照常渡河，一面仍與日軍繼續交涉。處置畢，歎曰：「情勢至此，不得不委曲求全，期先完成北伐之大計，再與之計較，現則惟有不顧一切，向指定之目標，勇往邁進，而不中倭寇阻撓我北伐之陰謀可也。」

五日，公得馮玉祥來濟之電，乃細加計慮，曰：「日軍商埠區之砲，其瞄準可隨時擊毀我之司令部。苟煥章入城，則日軍忌恨更切，二人同在一城，不啻授日人以一網打盡之計，是亦太不智矣，為國家民族計，何可不慎？」乃決心出城往黨家莊，與馮氏會晤。各項處置既妥，遂派一參謀持函往告日軍司令福田。函曰：

「本月三日，不幸事件發生，本總司令以和平為重，嚴令所屬官兵，全數撤離貴軍所強佔設防地域，現在各軍已先後離濟，繼續北伐，僅留相當部隊，維持秩序，本總司令亦於本日出發，用特通知貴師團長查照。並盼嚴令貴軍，立即停止兩日以來之一切特殊行動，藉固兩國固有之睦誼，而維東亞和平之大局，不勝盼切之至。」

公遂於是日上午八時，出城赴黨家莊，福田於十時聞之，大驚失措。公到黨家莊後，馮玉祥亦到，相與商議對日辦法。公主張先求國內之統一為重，謂倭寇目前之毒計，已不能阻我北伐，我暫時容忍可也。時黃郛、王正廷亦來，皆表示同意。乃決定對日暫主忍耐。公轉通令以安各軍隊，略謂：「凡我革命軍人，皆須仰體中央意旨，靜待處理，已完成北伐為目的。務各隱忍沉著，勿因一時之憤，對於日僑，乃作激烈之表示，惹起誤會，增多糾紛」云。

十日，我濟南守城部隊奉令撤退。初公將離濟南，命李團長延年留守之。劉峙語公謂「何必犧牲忠勇將士耶？」公淒然曰：「非犧牲不可也。須知濟南苟無兵守城，則日軍更有所藉口矣。吾豈不疼愛我忠勇將士哉？謂國家政略計，不得已也」。乃予李團長無線電台一架，面授機宜，略謂「使日人來攻三日，國際間曉然明知其侵略之野心，則我之政略目的已達，爾可自動撤退，不必再待後命矣。」李團長慨然受命。迄八日，日軍果列大砲來攻城，城多擊毀，而李團長至十日，仍堅守未退。公乃致電蘇副司令宗轍，令李率部脫圍，放棄濟南城。

考察友邦當時對此案之態度，可綜述之如下：

一、使團雖無正式表示，而其輿論則謂「濟南非租界，膠濟路又有華府會議議決，由日本交還中國。且中國發有債券，交付日本。是日本出兵濟南及膠濟，在國際法上絕無根據。因出兵與中國以難堪之禍，又由其在濟布告，（案日布告假禍於中國自謂不得已取斷然處辦其大意如此）更以激起華人憤慨，故此案公論，責在日本。」

二、英美知識界咸謂「濟南商埠非租界，與滬漢條約上地位不同。若以有外僑地方，便可駐兵，則充其量，中國都市均可以駐外兵。而華人在橫濱大阪甚多，華兵到日本，日本願意乎？故此案根本錯誤，在日本盲然出兵。」

公曰：「世界公道，人類正義，可信其尚未泯滅也。」言已，又深為日本人民憂。曰：「日本軍閥，心毒狠而口狡獪，其政治家又無遠見，吾誠為日本國民危也。」於痛憤之餘，猶一再軫念其國家與其人民，亦可見公民胞物與之量矣。

奉方傾向革命與張作霖被炸

繼續北伐後，奉天漸有傾向革命之勢，十七年六月一日，公在石家莊，奉中央電召回京。臨行招于濟川來見。命往奉方轉告數事。一、不使東三省為倭寇保護，致我國失地。二、從速退出關外，勿守灤河，以免內戰。三、如張作霖下野，則中正本不重權利，亦可下野。又親筆作書與張學良、楊宇霆，勸速自覺悟，共為愛國革命努力。二日，公南歸，張作霖離北京回奉。抵京後，公方以張雖出關，軍事未了為慮。至五日，突聞張在奉天王姑屯車站，為日本關東軍，埋設地雷，炸傷隕命，不禁愕然。

張作霖之被炸，奉天方面，無不知為日人所為。而日方則諉以為我便衣隊所為。公嘆曰：「日人之陰狠如此，我東北國防，如何始能鞏固耶？」此語深長可思，其後九一八事變，公於此時，殆早已見及矣。

奉方經此打擊後，愈傾向革命，至是年十二月二十九日，張學良、張作相、萬福麟等聯名通電，正式表示東四省服從國民政府，改懸青天白日旗。公曰：「自五三以來，日本用如此蠻強橫暴之壓力，尚不能阻止我東北軍民同胞歸附中央之赤忱，豈非三民主義戰勝一切之效乎？日本侵略野心，雖狂妄無已，其將奈我中國何？」乃致電張學良等嘉勉之。

與段祺瑞書

當十七年七月間，聞安福系有在津活動之說。公時以祭總理北上，寓北平碧雲寺舍青舍中，以師生關係，貽書段祺瑞，歷陳其以往之失，勸其以後勿再受人利用，為公為私，摯意拳拳。書曰：

「中正與先生別，垂二十三年，知先生或憶當年門弟子中，有蔣志清其人者。此二十三年中，先生幾度秉大政，備極煊赫。而中正始終追隨先總理，奔走革命，致力撲滅奉先生為領袖之北洋軍閥，歷盡艱苦，而未嘗偶一修音問者，公也。今燕京收復，北伐即告完成，中正身臨舊都，未遑寧處，而上書敬候起居者，私也。公私之間，截然有鴻溝在焉。嘗思共和創建以來，先生屢立殊勳，卒乃國事敗壞至此，先生似亦難辭其咎。辛亥之役，先生以北洋宿將，首贊共和，一電遙傳，清社遂屋。（廿二年，段氏來南京，公陪之謁總理陵，近談辛亥革命曾及此事，段氏稱辛亥年要求宣布共和之際，先由其個人以師生之誼電袁世凱，謂人心傾向共和，夫子之意謂何？袁即令其秘書長某以暫時勿提四字復之。段得電後，乃知袁已贊成共和，恐久則生變，遂即日通電要求宣布共和。言時尚有得色。公同聲和之，謂即此亦可見老師之識見與膽力也，段氏笑謝之。）此固大有造於民國者。顧當時先總理以北都帝居閎侈，易起奸人妄念，瑕穢叢積，蕩滌尤難，因議建都南京，以立民國萬年不拔之基。袁氏早蓄野心，宜持異議，而先生亦依違阿附，未伸正論，必待籌安勸進，始表消極反對，焦頭爛額，所損已多。此先生未明革命之真理，故不能接受先總理之主張，而貽禍於建國之始也。袁氏既死，先生誤於僉壬，已足深惜。張勳復辟，復授先生以再造民國之機。愛先生者，咸謂君子之過，將如日月之食，必早能更改矣。乃先生仍為群小包圍，創為安福國會，雖先總理崎嶇嶺嶠，堅持護法，卒乃破先生武力統一之迷夢。直至徐世昌竊位於前，曹錕賄選於後，先生始稍稍覺悟，遂有共討曹吳之舉。先總理以為和平統一，未可再失時機，力疾北上，提出國民會議之方案，以求解決一切政治問題。乃先生復為群小所惑，必以善後會議，代國民會議，使人疑先生別有用心，遂至先總理賫志以終，中國自此擾亂不已。先生尤躬罹其害，權位不保，勳名亦幾於澌滅。此先生始終為宵小所蔽，不能受先總理之主張，以自誤誤國也。先生所擁護者，乃共和虛名，所培成者，盡軍閥餘孽，此必非先生始願所及。然未能篤信三民主義，與先總理主張之足以救國，而使縱橫捭闔之徒，得逞其技，則其結果必至於此。今幸北伐軍事告成，中國已屆統一，此實中國之出於危亡之唯一時機也。苟有人心，孰不欲促成新治。且軍閥完全崩潰，所謂北洋正統者，決無死灰復燃之希冀。革命勢力，始終團結，自先總理逝世至今，軍閥屢次造作國民黨將自破裂之謠，迄無一得售。稍有智識，又孰願自召滅亡？乃道路藉藉，咸謂天津、大連之間，有託庇外人勢力之下，而運用政治手腕，於大局鼎革之時，蟻聚蠅類，依臭附穢，欲極其挑撥離間之能事，若惟恐中國果能統一，即無若輩活動之地者，而若輩之招搖煽惑，則莫不假託先生名義為重心，中正深為先生危，不敢不為先生告。以先生曩昔之愛護共和，必不欲淪為亡國編氓，惟若輩此種舉動，既託先生之名以行，譸張所至，必累盛德，甚望剴切誡諭，加以制止，其猶不從，則望先生悉揮之門外，明白宣告天下。而中正為擁護革命利益計，職責之所在，將不能不加以嚴重之制裁，以遏亂源。北伐勝利，非即革命成功，欲求中國平等自由，尚賴國民共同努力。苟有覺悟，能來歸依三民主義，共圖新中國之建設，從前種種，自可屏諸不問。但革命時代，亦斷不能容反革命者之活動，尤不能容其隨處投機，危害全局。先生試靜思往事，熟審潮流，必將確信三民主義為救國惟一良藥，而痛恨政客者流之害國，汲汲為圖自救以救國也。中正對於先生以往翊贊共和之勳績，深致尊重，無敢一息或忘，並深願先生愛惜令名，善用勳望，以固革命之基，而奠共和之實，使天下後世皆知先生救國愛民之真誠，而不終為奸邪宵小之所誤，是則公私雙方之幸也。語曰：君子愛人以德。輒敢以弟子之私，布其誠悃，惟希鑒察。」

所謂「當仁不讓於師」，此書有焉。

美國首與中國簽訂關稅關係之條約

十七年七月二十五日，我財政部長宋子文，與美國所派駐華公使馬克漢代表，在北平簽訂中美兩國關稅關係之條約。公曰：「簽訂關稅自主之條約，實為平常應有之事，然他國尚多觀望，此乃美國對華政策先佔一著之勝利。吾自當認美國為平等待我之民族也」。公嘗稱美國人富於正誼感。曰：「國際地位，雖在自強，然美人之富於正義感，則殊可感也」。此語又是從外交立場言。後至十月間與各國分頭接洽，於次年起，實行關稅自主過渡辦法之新稅則。及十九年初，乃實行關稅自主。

從新土耳其說到中國之國策

在南回車中，披覽新土耳其一書，公曰：

「甚矣土耳其當日廢除不平等條約之難也！但彼適逢歐戰以後，列強勢力不勻，乃得利用外交，乘機興起，亦云幸矣。吾中國之求廢除不平等條約，為堅決必行之國策，無論如何困難，必拼命奮鬥，自主自強，以求達目的。國際環境之有利，吾人固爭取之。即無利，亦必自強，斷不畏難也。嗚呼！國家無平等自由之地位，必不能生存，以和平方法伸張正義與公道，而保我國生存之必要條件，吾人誓必為之，惟願列邦勿逼我放棄和平方法耳」。

各國注意五中全會

十七年八月五中全會之前，公深加考慮，曰：「各方對余，多不諒解，是余之誠信未孚也。誠孚於天下，始可以天下為己任，余亦惟有益自強勉而已」。又曰：「整個本黨，而內部未能和諧，真不足以對外矣。此次全會，余必忍痛負責，解決一切糾紛，以期團結內部，促進建設耳」。乃發表對黨國感想文。文曰：

「近來本黨同志及各界同胞，對余個人有種種不同之批評。或謂余近來太軟弱，太不澈底，缺乏除惡務盡的勇氣；或謂余處事不公允，對功罪是非不分明。或謂余太妥協，北伐成功以後，似有持盈保泰之趨向，對舊勢力不免過分遷就。或謂余不應持消極態度，使一般人心，懷疑不安。余深知此等批判之詞，皆出於愛我者或期望我者之善意。但各方似皆從各種不同之觀點上對余加以揣測的責備。而於余所以如此委曲求全之真意，似尚未能明瞭。余敢言，余敢明白以言，余始終不離革命的立場，余決不忘國家社會的利益，余之所以忍譏蒙詬，而始終保持此一態度者，蓋由於自身體驗所得兩個極深切的覺悟：一、我國革命對象，為侵略中國之帝國主義，帝國主義與我革命勢力，及我國家民族之利益，根本不能相容。二、革命成功之基本條件，為內部團結一致。必全國一致團結，在本黨三民主義之下而努力，方足以圖民族之生存。必本黨內部一致團結，方足以領導國民革命，救國家於危亡。帝國主義侵略我國之事實，不待余之贅言。而余個人所受之苦痛，亦以帝國主義之壓迫為獨深。回溯本黨在北伐出師以前，中央許多同志多在廣州，彼時鮑羅廷等，秉承第三國際之意旨，指揮寄生本黨之中國共產黨，恣行搗亂，對本黨百般欺凌，種種壓迫，余實為身當其衝，惟一親受切膚之痛者。及至克復武漢以後，鮑羅廷之分化政策，竟大奏其效，而其陰謀，亦益形顯著，其間挑撥離間，跋扈縱橫，凡余所身受之痛苦，實不可以言語形容。大抵本黨團結有一線破綻，即外力之進攻加緊一度；彼蓋早已窺見我國勢力之虛實，不惜以我之國民革命為犧牲品，以中國民族之生命，為戰鬥工具，唯求達到其本身之目的而已。所以彼輩一方面極力破壞本黨之團結，同時又乘本黨團結被破壞之時，恣行搗亂。此雖事隔二年，而余之心目中，實永鐫不忘，如昨日事。今年五月，濟南事件，全國皆認為空前之國恥，然余等在前線親歷之侮辱，更非國人所能想像於萬一，明知種種挑釁舉動，為帝國主義與革命勢力兩不相容之確證，卻又不能不為避免革命頓挫，而竭力忍受。而對方態度，簡直不復以國家待我中國，且不以人類待我國人。此種欲忍不能欲發不得之苦況，永永留存余之腦海，雖千萬年，亦難磨滅。天下事間接感受者，總不如親歷其境者更為刺心刻骨。果使任何同志，親歷余之境遇，余知必與余懷有同一之感想。余從彼時起，益復深切感覺國民革命之最後對象，為帝國主義，打倒幾個軍閥，在革命進程中，實不算什麼一件事，而欲達到國民革命最後之成功，則非本黨同志，痛切覺悟，永久團結，切實負起責任來幹不可。同時又必須全國同胞，認識國勢之危殆，同心一致，服從本黨之領導，為實現三民主義而努力。余之見解，尤以為國內苟有一分力量，可以保存為救亡圖存之用者，即應積蓄培養，珍重愛惜，舉凡兵力、財力、民力不必要之摧殘，苟可避免，務必竭力避免。至於本黨同志，有領導革命之責任，更應竭力保持黨的尊嚴，鞏固黨的團結。黨內任何意氣，皆應犧牲，任何磨擦，皆應消弭，任何痛苦，皆應忍受。余惟懷此見解，是以近來更深信集中力量之必要，更自深信國內黨內團結一致之必要，誓必不避種種困難，以促成而保持之，遇有足以引起意見之糾紛，必苦心以調和之。除固執總理遺留之一切教訓，絲毫不能搖撼外，其他應無不可以調解，無不可以容忍者。故有人批評我為太軟弱，不澈底，或太遷就，不公平等等，余皆忍受，余惟有在事實上表示余始終盡力革命而已。此余個人對黨國之見解，亦所以期望於全體同志與同胞者也。」

此文呈一語不是披肝瀝膽而出之。並又作書以告同志。略曰：

「我黨同志，厥宜轉相敵之念，而為相憐相愛，改相攻擊之詞，而為相規相勸。勿以己為必是，勿以人為必非。但求於事有益，不求己之必勝。當一依三民主義以革命，在此範圍以內，不可互相猜疑，在此範圍以外，允當互相防制。」

自公發表上列言論後，各國駐華公使團，對五中全會極注意，將俟此會結果，以為修約態度，英、美、法、日、義，均派專員研究此次全會議案，一面電令駐滬各領事，詳採關於此會消息，以備彙呈其政府。詩云：「鼓鐘于宮，聲聞于外」，其此之謂乎？

就任國府主席

十七年雙十節，公就國民政府主席職。初，公被推為主席後，思政府之責任，自勉曰：「余誓必實施訓政綱領，以奠定憲政基礎也」。至是日上午八時，乃在中央黨部行就職典禮。中央由吳委員敬恆授印，公受印，與各委員共同宣誓就職。就職後，舉行國慶紀念典禮。公發表立國四道：

一、發育國民強毅之體力，以挽救萎靡文弱之頹風。

二、保持中國固有之德性，以剷除苟且自私之惡習。

三、增進科學必需之常識，以闢除愚昧固蔽之迷信。

四、灌輸世界最新之文化，以力求國家社會之進步。

十時，公率領各委員到飛機場閱兵。十一時，美、荷、意、英、葡、西駐華各公使，法、德、比、丹、挪、瑞、捷駐華各代辦，均來電祝賀國慶與公之就任國府主席。而美國國務卿則代表其總統特來電祝賀公，英公使奉其政府之令向公表示，願將唐山英兵撤退。謂華當局之能負保護外僑生命財產之責，確立信仰云云。惟日本僅由駐寧領事向我外交部道賀而已。

編遣會議

公注意編遣已久，其積極進行，始於民國十七年。六月，電呈國民政府，請設立裁兵委員會。七月在北平碧雲寺與馮玉祥、閻錫山、馬福祥、商震、朱培德、李宗仁、白崇禧等會議後，始召集新聞記者，發表軍事整理善後意見書。並電軍政部何部長應欽曰：

「此次改編要旨，首在核實兵數，節省經費。務望多派得力之編點委員，切實編組，認真點驗，如有不實或虛與委蛇，則整理委員應負責也。」

又曰：

「整軍以固國防，對於軍心，最宜注意。」

既集議後，又特與閻、馮詳商。蓋明知其難而為之，故不得不慎之又慎也。玆先略述整理意見書之內容，略謂「裁兵問題，必確定全國應有之兵額，通盤籌算，當力戒軍閥把持分裂之惡習，而厲行軍政統一。如軍隊編制、軍官任免、軍事教育，與海軍、要塞、航空、兵工廠、被服廠等，宜由中央制定法規，畫一施行。至於軍需獨立，尤宜厲行。須在中央執委全體會議，同時召集特別軍事善後會議。此會議所應決定事項，為北伐完成以後之復員事宜，與裁員有關之各種具體辦法，及根據國防方針而確定軍額軍費之數目，與夫釐定軍制劃分軍區等等。軍區劃分以後，各總司令與總指揮之不任軍區長者，宜會集於中央，實行主持軍事委員會事務，並分任教育、參謀、訓練、檢閱、兵工、軍需、軍醫、砲兵各總監，或與海陸軍有關各部之政務。裁兵以後，宜切實奉行總理之兵工政策，如築路、治河、開礦、造林、墾荒等事，皆以被裁之兵任之，仍施以嚴格之管理與教育，地方治安，亦須特別注意。各省警備隊、警察、及護路隊等，亦可就應裁之兵，挑選精壯，分別訓練。其被裁官長，除以上各項，仍可酌量容納外，並得分別設立各種研究班，授以高深之軍事教育，儲為國用。裁兵所需經費，應由財政部特發軍事善後公債三千萬至五千萬元。同時組織一裁兵善後委員會，或名編遣委員會。一方面辦理裁兵事宜，一方創辦生產機關。所募之善後公債，當由此會負審核監督費用之責。兵額暫定為五十萬人。第一次全國代表大會宣言，對內政策第七條，注意改善下級軍官及兵士之經濟狀況，並施行軍隊中農業及工業教育，北伐完成以後，必須逐漸遵行。兵制亟宜統一，全國軍隊，皆應以師為單位。師之編制，則視現制酌加擴充之。擬定每師為三旅，每旅為三團，每團為三營，每營為四連，以下仍如舊制。每師設砲兵、工兵、騎兵、輜重兵各一營。師直隸於軍事委員會，現有之集團軍與軍團及軍，皆一律廢置。軍長以上之官長，除改充師長外，餘皆調至中央，或補習高等軍事教育，或送往各國考察，或服務各種軍事機關，各予相當階級之薪餉。師長以下各軍官，概由中央委任，並須更番調入高等軍事學校訓練，或互調委用。務使軍官之學術思想，與時俱進。並杜絕以國家軍隊為個人私有之觀念。暫分全國為十二軍區，以為中央與地方間之過渡機關，（一蘇皖贛二閩浙三兩廣四兩湖五四川西康六雲貴七陝甘八魯豫九燕晉十熱察綏十一東三省十二新疆青海外蒙西藏當別定辦法）每一軍區所駐軍隊，以四萬至五萬人為限。各軍區人選，由各集團軍各總司令各總指揮推薦軍事委員會審議，分別任命。每軍區內裁兵剿匪，及一切整理軍隊事宜，予軍區長以全權，責令於一年內整理完竣」。其具體之計畫略如此。後決定組織編遣委員會，於十八年一月成立。

編遣委員會誓詞有不偏私、不欺飾、不假借、不中輟之語。宣言即據此四點發端立論。公在講演時，引日本維新為喻，謂第一步討伐幕府，第二步奉還大政，歸命中央，第三部廢藩置縣，第四步散藩兵改國軍。現在這第一第二兩步的工作，仗黨中同志及各集團軍的努力，總算大體完成，應向第四步邁進。其詞略曰：

「我國現在雖無藩侯，可是向來有前清督撫，民國巡閱使督軍的遺制，或是變相類似的封建制度，深入人心。我們若是生息於這種制度之中，我們就要漸漸的變成軍閥，況且全國各軍雖同奉三民主義，可是各有系統，自成風氣。若是不趕緊合一爐而冶之，歷史告訴我們，還是要實行兼併，互爭雄長，橫梗統一，循環內亂的。還是把北洋影本重寫一遍的。這不啻貪戀死人的墳墓，而致生葬自己的肉體。所以我們要犧牲一切，集中全力，來作這第三第四步的工作，纔是救國自救之道。這兩部工作，就是國軍編遣會所應負的責任了。」

所見之深切在此，而事之推行之難，亦正在此。又曰：

「我們不想實行三民主義，把中國做成一個現代式的國家，那就罷了。如果要實行主義，要做成一個現代式的國家，就非首先造成一個健全穩固的中央政府不可。要造健全穩固的中央政府，就得把構成國家要件的軍權，首先集中起來，統一起來，纔有辦法。今後能否統一，能否集中，全在我們同志一念之轉移。中國的亂事，也夠受了，民生的疾苦，也太深了。我們忠實同志，必能開誠合作，都站在中的立場，都以國家為重，只走這一條共同的出路。這就是今次編遣委員會最大的使命。」

當時討論軍事之收束整理方法時，曾在湯山一致簽署，其提案經五中全會採納交辦。故國軍編遣委員會得以宣告成立，公在始擬軍事整理善後意見書時，嘗自念曰：「余煞費苦心，不知各軍將領，果能照余意實施否？」其後實行，雖多奉令就編者，然卒未能無所齟齬而起糾紛，然則人心之轉移，誠非易事哉？抑其善後之者，誠難也？

革命之策略與真正革命者

公嘗言：「革命的策略，是活動的，不是死板的。」又講演「不妥協」一文中有云：

「政策上的表示，容或有伸縮，但絕對的為顧全革命為目的而伸縮，決不肯將目的犧牲了分毫。」

此伸縮即前所云活動。革命策略，有時自需要活動，惟根據主義而定之目的，必須委曲以求其達到。真革命與假革命即判於此。公對於此點，曾有深切說明。曰：

「真正的革命者，是有一定不變的目的，和整套的方略。應該不怕難，不怕挫折，繼續不斷的幹去，決沒有觀望風色，朝三暮四的可能。惟其如是，所以不求速效，但也因為百折不變，始終如一，所以能得最後的成功。」

又曰：

「我們不能鹵莽滅裂的漠視環境，只要痛快的幹一下，而不問其結果。戰爭中最忌的是憤兵，憤兵必遭受極嚴重的挫折。凡是經不起激惹，抑不住感情，徼倖求進，結果必徒然犧牲而無補於事實。所以真正負責的革命者，要照澈革命的環境是怎樣？胸中熱烈地燃熾著革命的目的，而行事要十分安詳十分仔細的按著時期和方略，一些不放鬆，一些不間斷的幹去。」

公數十年來，凡所預期之事，其最後鮮有不達目的者，無他，即能注意環境，與鍥而不捨而已。大抵其臨事也，不激不隨，始則相機而動，躁切者或以為紆矣。及其既行，向之雷同附和，務急進而不計其利行者，往往遇難而沮，惟公蹈危履險，罔所屈撓，蓋先事則靜以致慮，淡焉若無為。既事則敬以持之，專一而弗懈，故卒能底於成，蓋其得於平日修養之功深也。

指示農工運動

十八年二月，公出席中央黨部，報告各問題外，對農工運動，有所指示。略曰：

「本黨農工運動的方針，無疑的應該是保護農工利益。要知道社會經濟，是整套相連的一個體系。三民主義的主張階級聯合，而不主張階級鬥爭，便是因為以政治力量，解決經濟，是有把握的。目前和過去情形不同，地主和廠主再也不敢在本黨政治之下，剝削農工、壓迫農工。若是還要獎勵農工的反抗意識，那末其結果必定是農民工人反轉來壓迫地主和廠主，那畢竟還是農民工人的損失，譬如增加工資減少工時，如果超過目前產業界所能允許的程度；又如罷工怠工，如果影響到產品減少，或妨及產業生存的時候，資主方面，固然要犧牲，勞動者的工作機會，也要減少，結果還是增加生活的困難。至於農民，也何嘗不是如此？所以本黨的農工運動，絕對不能以破壞生產基礎，擾亂經濟組織，以取快一時，而召農工最後的怨望。」

後發表國民革命與共產革命之區別一文，對於農工問題，更有透切之說明，並著其略於此。曰：

「為充實國家實力計，不僅計策暴動的階級鬥爭，絕對不能實行，就是罷工怠工和抗租等階級鬥爭的行為，也不能輕舉妄動。工人要知道，工人的利益，非到產業發達以後，不能實現。如果沒有工廠收容工人，工人的單純生活，都不能得到保障，那裡能夠改良？所以工人如果罷工怠工，以妨礙產業之發展，乃是自殺。農民也要知道，如果地租過高，國民政府當然以政府力量，加以制裁，不待農民的要求，更不須農民的運動。如果因抗租而擾亂社會的秩序，致生產事業不能發達，也是自取滅亡。無論就打倒帝國主義說，就解放農工說，中國現在都不能採取階級鬥爭。至於奪取民眾，乃是以民眾做工具，不是以民眾為本位。這種行為，不適於寬厚光明的中國民族。」

此亦為對農工運動真實之指示。

看墨索里尼傳略

看墨索里尼傳略完，公曰：

「彼以團結退伍軍人之實力，提倡愛國主義，並組織其政黨，切實訓練，適值意內閣腐敗苟且之局，此其所以成也。」

稱之恰如其量，無一溢美之詞，在今日讀之，彌歎公識解之深遠。

國恥紀念不宜放假

十八年四月，公向中央黨部建議，主張國恥紀念日不宜放假。其原則略謂：

「此項紀念之目的，在雪恥復仇。吾人一念及國恥未雪，國仇未復，宜如何痛定思痛，做實力之準備。故國恥紀念之日，即吾人檢閱實力之時，紀念之意義，不宜消極的回憶過去，應積極的準備將來。紀念之態度，不宜呼號叫跳，應沉痛嚴肅。紀念之時日，不宜消極的停止工作，應積極的增加生產，以淬礪臥薪嘗膽、生聚教訓之精神。」

乃條舉紀念而不放假之辦法於中央黨部常務委員會，卒如公所提議者，通令國中施行焉。

奉安典禮

民國十八年六月一日，為總理奉安之日。公敬謹主祭，備極哀思。是為民國之一大典，用詳誌之。

六月一日上午二時，公往陵園，接孫夫人至中央黨部。四時起靈，總理家屬親故，中央國府委員，迎櫬專員，悉入靈堂，依次排列，舉行移靈典禮，十八國專使，各集前院，肅立恭候。移靈典禮，由胡漢民主祭。

行禮如儀畢，即由總理家屬親故，及中央委員、國府委員等恭扶靈櫬，總幹事孔祥熙執旗前導，四時一刻，獅子山砲台鳴禮砲一百零一響，靈櫬移出祭堂，越大門，降台階，旋扶登汽車。車身遍紮白綵球，上覆黨國旗，狀極莊嚴。四時二十五分，號兵發啟行號，靈車啟行。護靈團軍校學生二百餘人，武裝分兩行隨行保護。靈車啟行後，各行列號兵齊發起行號，鐵車前導車亦即開動。於是各行列徐徐前行，自第一行列起，自第十行列止，綿亙約五六里。迎櫬大道沿途，蓋松柏青白布，旁列牌樓二十餘座，為各省政府及各省團體、海外黨部所設。奉安委員會，則於墓前左右，各蓋牌樓一座，靈園道旁之電桿，均懸各色花圈。而陵園林工、陵園小學全體學生，均肅立道旁，恭候靈車經過。奉安委員會衛生組，並於沿途設臨時救護隊八處，及臨時巡迴救護車兩輛，分別巡視。陵園布置，山麓有綵色牌樓數座，懸掛花圈。墓前石級，正中為靈櫬及執紼人員行之，而旁為參加人員行走。石級下廣場置旗桿，下半旗誌哀。其下聯綴小幅黨國旗。左邊廣場上，蓋有涼棚六座，二為專使外賓休息處，餘為各機關職員休息處。附近陵園之靈谷寺，亦設有休息處，供參加人員休息。航空署派飛機五架，迴翔雲際致敬。軍政部派鋼甲車兩輛，蒞場參加。其陵墓祭堂之民生民族民權三門，均懸白藍色綢質綵球。祭堂內鋪以藍底白邊毛氈，墓門交懸黨國旗。祭堂正中，供設總理遺像。旁置花圈四。為孫夫人宋慶齡等所獻。祭堂之左右陳花圈甚多。均係親故級外賓等所獻。此迎櫬大道沿途及陵園陵墓之布置概況也。

靈車自中央黨部啟行後，沿途過處，民眾均脫帽肅立敬禮。八時，各行列先後到達紫金山麓，由糾察員引導，經由所定路線，至指定地點肅立。計第二第四第六第八等行列，由右邊路進，至石級旁廣場肅立。第一第三亦五第七第九等行列，由左邊路進，至石級旁邊廣場肅立。其時奉安籌備員遂將我靈柩之輿（以下簡稱靈輿）安置於石級前廣場上守候。輿作亭子式，用藍綢裹紮，四角綴以白球綵球。槓夫一百零八名，分兩旁肅立。國府軍樂隊在第一層石階上廣場佇立。九時五分，遺像亭舁至亭前，有肅立致敬旗二面。全體參加賓員，均脫帽肅立，敬謹致禮。時各國專使，亦列隊踵至，由兩旁石級沿緣而上，至第一層石階平台上肅立恭候。九時二十分，靈車徐徐而至，停於靈輿前，相距約十步。總理家屬馬車，亦隨靈車後蒞止，各家屬一律下車，進玄色布幔中，肅立於靈櫬之側。中央委員、國府委員、特任官、迎櫬專員、葬事籌備委員、總理親故，及其他送櫬人員，由總指揮朱培德，總幹事孔祥熙指揮，各按規定地點肅立。九時三十分，執紼人員恭候靈櫬下車換槓，由孔祥熙及迎櫬專員吳鐵城、鄭鴻年等，率領槓夫十人趨前，將靈櫬恭移上槓。九時三刻起槓，步石級前進，由國府軍樂隊四十名奏哀樂前導，孫夫人率領家屬戚屬在布幔內步行隨護，執紼人員則在兩旁恭扶前進。專使及故舊在右，中央委員、國府委員、特任官、迎櫬專員、葬事籌備委員在左。孫科、戴恩賽等在前領導。公及孔祥熙在靈前指揮槓夫，恭謹將事。十時八分，靈櫬至計堂前平台心稍停，槓夫換用小槓。宣贊員宣贊，執紼人員恭扶靈櫬進祭堂，由孔祥率領槓夫舁靈櫬緩進。執紼人員分列兩旁肅立，家屬戚屬隨靈入內，其餘執紼人員，均隨進祭堂，十時一刻，靈櫬停於陵墓祭堂中央。肅靜移時，宣贊員宣贊，舉行奉安典禮。

奉安典禮開始，各人均依次就位。中為主祭席，左旁為家屬戚屬席，右為故舊席，均與主祭席並列。主祭席後，左旁為中央委員、國府委員席，再後為特任官席，再後為迎櫬專員及葬事籌備委員席。右為專使席，再後又為故舊席，宣贊員則在兩旁。各席均用銅牌標明，執紼人員均按次就位肅立，由宣贊員宣贊奉安典秩序，其秩序如下：

一、就位。二、肅立。三、奏哀樂。四、行三鞠躬禮。五、獻花圈。六、讀祭文。七、總理家屬、中央委員代表、國府主席、總理親故代表、迎櫬專員代表、葬事委員代表、專使領袖分列左右，恭移靈櫬進墓門。八、奏哀樂。九、全體默哀。十、敬謹奉安。

由公主祭，譚延闓、胡漢民、戴傳賢、蔡元培在後陪祭。獻花圈，讀誄文，行禮如儀。

禮畢，由孔祥熙率領槓夫，敬謹將靈櫬奉移進墓門。總理家屬戚屬，中央代表為公，總理故舊代表犬養毅，各國專使代表歐登科，恭謹隨墓門後，率同槓夫恭移靈柩奉安壙內。其時鳴禮砲一百零一響致敬。全國民眾一律停止工作，默哀三分鐘。至十二時，奉安畢。各代表退，家屬戚屬相繼退，各就原位肅立。宣贊員復宣贊，祭堂內參加大典人員，依次進墓門瞻仰。首由日使芳澤暨全體專員及隨員入內瞻仰。次由胡漢民暨全體中央委員、國府委員、特任官、迎櫬專員、葬事籌備委員入內瞻仰。再次由頭山滿暨其他外賓入內瞻仰。最後由參加人員分班入內瞻仰。瞻仰畢，集合行三鞠躬禮，奏哀樂，禮成，由孫夫人領孫科夫婦、戴恩賽夫婦等，將墓門敬謹嚴扃。於是隆重尊嚴之奉安大典遂告成。

中國之前途與國人應有之覺悟

當一九一五年世界大戰時，民國成立，雖已四年，政治操於軍閥之手，未能及時振作，致失復興之機，公每引以為憾。嗣後一方努力革命，一方注意於世界大勢之演變，冥心默運，未嘗或懈。十六年二月，在南昌行營講演，言於世界趨勢，謂「國際間的矛盾，已一天天暴露出來。」十七年念及國防，有云：「未來之世界戰爭，其殘酷真不忍設想。日本之侵略行為，尤顯而易見。我中國之國防，時如何而能鞏固，思想既紛歧，經濟又枯竭，思之殊可寒心。」及十八年七月，在陸軍大學演講中國之前途，與國人應有之覺悟，尤為警切。略曰：

「中國要想獨立，固須大家精神團結，意志統一，但尤要有適當的時機，如能得時機，又能利用時機，則國家獨立，革命完成，乃可事半功倍。」

又曰：

「至於中國獨立的時機，果在何時？蓋即在國際戰爭再起之時。我們軍人首應熟審將來世界形勢，以及潮流的轉變、時代的遷易，並應知國際戰爭在什麼時候，在什麼地點？」

又曰：

「在那個時期以前，國際戰爭尚未開始的時候，國防上須有確實的布置，無論參戰中立，皆不至受人牽掣，則國家不但不亡，且可乘此時機，完成獨立。所以第二次國際大戰的時候，就是我國興亡的關鍵。」

又曰：

「至於這個時機之來，當在何時？亦屬易於觀察。蓋遠則不出十五年，近則隨時發現，不過在目下二三年之內，彼等準備尚難完成，亦無機會，皆不敢輕動，我們正好乘此餘暇，充分準備，以待時機之到來。所以斷定彼等衝突之期，尚須五年至十年之原因，因為一九三四年，為英美日三國海軍比例完成之時，必須在這個時期，國際戰爭乃將爆發。一九三四年，距離現在只有五年，吾人於此五年期內，以全力從事準備，則國家獨立，或有把握。」

又曰：

「須知國家生命之緊要，和我們生活的價值，全在此時，大家必須精神團結，意志統一，服從主義，盡忠於黨國，盡孝於民族。一遇時機到來，就可盡軍人的責任。當彼國際戰爭發動之時，即我中國獨立發展之日。將來形勢如何，不能預定。或即行參戰，或嚴守中立，到了這時候，要斟酌國家情形、國內經濟與國民程度如何，方能決定。不過我們中國，無論參戰與否，總須藉此時機，完全獨立。」

又曰：

「望各位切實明瞭此點，對於國際形勢、國家地位，詳細研究。並要切記以前的國恥，和現在的責任，將來的時機，努力勤勉。」

又曰：

「戰時如能自立自強，則至戰後議和之際，乃可立於主動的地位，這實在是中國最有利的一個時機。」

以後又於演講中時時言之。愈近者，自愈具體，愈切實。然深憂獨慮於舉國如夢如醉之時，而其後之事實，曾未越此範圍，非我領袖之英明，其孰能之？今者我國抗戰已七年，歐戰再起至今已五年，同盟國勝利之勢，日益在望。所謂最有利之時機，即將呈現於眼前，國人其可不自奮乎哉？

論軍閥

談及軍閥，公曰：「凡大軍閥用來對付中央的手段，小軍閥都尤而效之。螳螂捕蟬，黃雀在後，所以這些大軍閥的勢力範圍愈擴大，內部糾紛愈多，他的末日就快到了，這是歷試不爽的。」此為公革命以來閱歷有得之言。

陳公博之罪惡與陰謀

公嘗著文揭發改組派陳公博等擾害黨國之罪惡與陰謀。文中敘述其叛賣黨國之情形極詳。其近事無足論，當陳炯明叛離總理時，陳公博受陳津貼，（月助五百元）在廣州辦羣報，竟著討孫記、蕩寇志等篇詆毀總理，謾罵本黨。故公謂陳自始何曾有革命的思想？其人格，即此一事，已至墮地。公後致李明瑞電又曰：

「如陳公博等毫無氣節，為世人所不齒之徒，乃能成事乎？」蓋深鄙之。則其後之甘作漢奸，亦何足怪？聞近年陳在漢奸中，尚為佼佼者，則載鬼一車，誠不能以人理衡之矣。

中東路事件及聲明否認伯力協定之略述

十八年七月中旬，張學良電告搜查哈爾濱俄領館，及接收中東路事。公復電謂俟王外長回京，商定辦法後再告。時王部長正廷留居青島未回也。

中東路事件發生後，我外交部於七月十六日，電令駐俄代辦夏維崧，對俄致送牒文。大意謂「此次搜查哈埠領館，及對於中東路之措置，純係防止擾亂治安事件之突發為目的，不得已而有此權宜之處置」云云。俄方認為不滿，於十八日照覆夏代辦，聲明召回蘇俄駐華使館，及商務代表，召集中東路蘇俄所派人員，實行斷絕國交。公於其第二次牒文，主張從緩不覆。後得駐德公使蔣作賓告蘇俄甚望與我直接談判。公曰：「我故主張二次通牒以緩覆為妥。至今未接東省來電，是其情勢已弛緩矣。鎮靜與秘密，為外交與軍事之要素，國人張皇而又好猜測，此實大病也。」至二十五日，聞俄方表示於會議期中，維持絕交後中東路現狀，並願商贖回中東路辦法云云，公曰：「是則彼已讓步矣。」於是有我方或亦始允其派任局長之意。既而聞俄方有運動張作相之說，乃急電張學良，告以「凡既由中央接手之外交，無論如何困難，必須認定中央為交涉對手，以保國家威信。」張學良乃電公請兵為備，公允之，而詳述其意見於致何成濬電中。致何電曰：「對俄軍事計畫，是東三省欲預備後援隊，故擬抽調九師集中平津，預備出關增援。但中俄戰事，即使發生，決不致有大規模行動。以漢卿之請求，乃不能不擬定具體方案電復，以安其心。竊恐外人以為集中平津會有作用，使北方人心不安。如百川兄問及，可以實言答之。」後又特命何氏往奉天，佐張學良主持對俄交涉。並指示大意，謂「我方對俄，總以不主釁自我啟，惟以鎮定不屈處之」云。

自是俄兵時有出擾。九月中旬，黑龍江省奇乾縣縣長全家被擄。厥後雙方軍隊，亦時有接觸。我軍於是役，頗有壯烈之犧牲，令人可歌可泣。十一月中旬，札蘭諾爾受俄軍猛襲，我守軍黑龍江第十七旅與激戰兩晝夜，卒遭剉衄。旅長韓光第團長林選青及重要軍官多陣亡。而團長張季英，則於該地失守時自殺。故公有雖敗亦榮之歎。二十日，滿洲里陷。梁忠甲旅力戰數日，彈盡援絕，奉命退卻。有張玉亭者，死事尤烈。一夕，俄兵來襲，斥堠兵趣入告警。我軍於假寐中，聞警起，奮擊之，乃退去。其一部被迫入壕內不得出，與我軍相肉搏。玉亭忽見有俄兵十餘，擱機關槍濬置上，捩機將發矣，乃亟躍出，猛蹴之，墮其槍。俄兵攢毆玉亭，玉亭負重創，腹裂腸出，猶往來馳突。終乃攫得一俄軍官，曳入壕，扼其吭持之。玉亭死，俄軍官氣絕亦死。初，兩軍肉搏時，我軍一連長，為兩俄兵擒置於地，其一人拔刀將刺之，有一下士，為俄兵斷一臂，呻臥於地，乘間突起，以一手握槍柄而猛擊之，碎其首，連長乃得脫。又當激戰時，有二俄兵，盜我迫擊砲以遁。我軍一士兵追擊之，亦得奪回。此下士與士兵皆失其名，要皆不愧為民族英雄名也，故並著之。

時直接與俄人交涉者，為奉天所派交涉員蔡允升。十二月十九日，得伯力電訊，中俄交涉中，俄方已確認中東路警備事宜，仍由中國擔任。互釋所居僑民一節，因範圍問題，尚有爭執云云。後聞竟已成立協定，俄軍已於二十三日起，由俄政府下令撤退。新任駐哈爾濱總領事、中東路俄方正副局長，均由其政府任命發表。二十六日，俄方新任哈爾濱總領事西門諾夫斯基宣言，謂「將來當依中俄協定，持平解決一切，以彼此有利為原則」。並謂「赴瀋陽後，將返國商陳政府會議」。其新任中東路正副局長魯德、簡尼索夫，有「不問外交」之聲明。俄局長於月杪到哈接任，我方理事副局長亦復任。此事交涉之協定，即為伯力協定。公於三十一日國務會議報告，此協定我政府未予批准，以蔡踰越職權故也。次年一月中旬，孫院長科在中央黨部紀念週報告，亦有我政府不承認蔡允升所簽定伯力協定之言。茲並略述我外交部對俄宣言於下。

十九年二月八日，我外交部發表對俄宣言。首述國民政府前僅令蔡允升商議解決中東鐵路糾紛，及舉行正式會議之手續。繼即聲明伯力紀錄除規定解決中東鐵路糾紛之辦法外，尚載有數種事項，為中國代表無權討論者，中國代表實屬超越權限。中述協定依國際慣例，須經政府核准或批准，及伯力紀錄中關於解決中東鐵路問題之最後解決起見，準備遴派代表前往莫斯科，出席正式會議，專為討論中東鐵路善後問題。至關於兩國通商，及其他一般問題，蘇俄政府，如認為有商議之必要，另派代表來華時，國民政府亦願與之商議云。

案伯力協定，當時傳說紛紜。後經北平使團證明無密約，其傳說全因某國希圖俄方取得領事館設衛兵之權，以便援例不撤南滿領事館警察隊之陰謀而發生，其事始白。

卷四

民國十九年十月以前國內大勢略述

自十八年末，石友三叛變後，隴海路一帶，呈騷亂之象。閻錫山因與韓復榘意見不合，離鄭返晉，韓亦辭職。政客從中煽惑構亂，至三月間，國內有中華民國軍名義出現，時局益趨變化。既而有所謂北平擴大會議者，集合各方勢力，開會於北平。自七月下旬汪兆銘到平，非法組織遂公然揭櫫於世。然自東北明白響應中央，汪兆銘遂潛遁，非法組織，亦遽歸消滅。

國民政府於六月下旬，特任張學良為陸海空軍副司令，公即致電勸其就職，勉以大義外，又勸之以交情。略曰：「猶憶去歲北平握別，承許以中正果有為難之日，兄必慨然相助，且謂交誼誠偽，至此乃見，今正其時矣」，可謂懇摯。該當國內紛更之勢初見端倪時，公即以張氏之勢力，為足以輕重而屬望之。張氏奉命後，雖未即就職，然東北大學校長劉光，於七月初對外國記者談話，即宣布張氏對時局已有通盤主張。劉並赴柳河行營謁公，代述張氏之意。

北平擴大會議於八月七日成立。對於張學良可謂極盡利誘之能事。初以察綏平津永久讓與為條件，後又允以北平政府各部長之半數，歸其支配。不可，則請其出任調停。張氏乃卒為努力和平之斡旋。於九月十八日，宣言擁護中央，出兵平津，於是擴大會議遂解體，沐猴而冠之民族叛徒汪兆銘，乃離平出亡日本。國中大局，始趨平定。

告西北部隊宣言

國中局勢，離合變化，殆無過於十八、九年之際。十九年一月，國內盛傳有利用軍隊以倒閻之說。公歎曰：「國事皆誤於政客之手。革命軍人惟有堅定宗旨，實現主義，一以革命政府之命令是從，則政客自無所用其技」。爰發表宣言告西北部隊，誠心服從閻之節制。宣言中謂閻亦應有以安西北將士之心。又謂訓政時期政治未定，人心未安，主義未行，西北惟閻足以屏蔽，中央決無其他之人，可以信任。而其他之人，應知政府之主旨所在，不可妄思挑撥，以亂黨國。其軍隊應以西北之財政程度，為編制之標準，不必再求其他方面之補助。並指明中央之決策，謂中央力量之所及，惟以補助各省經濟政治之發展，其軍餉之多寡，則依核定之軍數，任其自決而已。宣言之大意如此。於反動必誅鋤之，有可屏蔽地方者，乃盡力為之扶植，亦可知公為黨為國之用心。其後閻錫山氏，以各方反動者謀叛之亟，以禮讓為國之說，勸公與之同下野，公則奮然致電復之。有曰：「革命救國，本為義務，非為權利。權利自當犧牲，義務不容諉卸，此時國難正亟，非我輩自命高蹈之時，若因反動派謀叛不已，而輕棄黨國賦與之重責，以張若輩之氣燄，是乃獎亂助爭，與禮讓為國之旨，適得其反」。又曰：「但我輩能一德一心，共謀匡濟，消弭反側，實非難事。一俟和平統一，真正完成，三民主義實行無阻，兄如有遨遊海外之逸興，弟敬當追隨同行，今則絕非其時」。此又見公積極負責之精神。每讀尚書君奭篇，但勸召公不可去，而絕不言己去，輒歎古人用意之真，此電之積極，殆有過之。而與告西北部隊宣言並觀，亦可知公之忠誠。

楊虎城

楊虎城凱旋宛城，公致電勉之曰：

「凱旋宛城，逆部遠遁，從此餘逆小醜，當不敢正覦平漢，吾兄聲望日增，而責任亦更重矣，尚望嚴督所部，切實訓練，多覽書籍，以資修養，期備黨國西北之重寄。」

並與切商編組辦法。曰：

「中意先將現有基本之一師，切實整頓。將來擴充成為九團制，則比之豫中或西北任何部隊，尤為精強。如此乃得成為西北革命軍之中堅，而其他各部，亦莫不從命畏威矣」。

公喜楊之英勇，故甚其有為。後雖發現有親共之跡，亦始終予以優容。而孰知二十五年西安之變，卒起於此，則人心真不可測矣。

告各軍二電

一、十九年五月初，電劉峙、何成濬，轉告各軍切戒佔住民房。略曰：

「疊接豫省各民眾團體報稱：我軍在民間不派餉，不搜糧，為民所稱，但好佔住民房，是為豫民所切齒。我軍如欲完成革命，縱不能使民眾歡迎，亦何可使民眾痛恨？且革命不得民眾之心，斷無勝利與成功可言。務希我上下官兵勿自取滅亡之道！」

二、六月初，電告全國將士嚴紀律、戒騷擾。略曰：「勘亂之目的，在拯救人民，軍行所至，應處處本愛護人民之心，作捍衛人民之事。紀律務須森嚴，騷擾尤宜切禁。勿使社會秩序，因行軍而至紛擾，勿使閭閻治安，因作戰而受影響。」

皆藹然仁者之言。

吳稚暉先生言

往訪吳稚暉先生。先生言：「今日民心厭亂，政府威信已立。如有擾亂現局者，人民必厭惡之。以十八年末政局，皆不過如此，不再存奢望也。武力雖不可備，而不可擴張太大，徒為各方所惡。又北方之人，必扶助北方，不可希望太過」。公甚以為然。歎曰：「並見老成者謀國之周也。」

夫人願將房產積蓄變充軍費

十九年七月中旬，戰事形勢頗危，而軍需竭蹶，宋部長子文，以國庫支絀，籌發殊有難色。夫人於部長為兄弟，言之亦謂計無所出。夫人則曰：「如果不能發，亦可將我房產積蓄，盡變充軍費。若軍費無著，戰事失敗，吾深知介石必殉難前方，決不肯靦顏人世，負其素志，則我如不盡節同死，尚有氣節乎？故寧先變賣私產，以冀挽救於萬一也」。宋部長聞之，大為感動，乃亟竭力籌措以濟軍。軍事亦由此日趨於有利。

開始注重剿匪

公之行事，皆有預定計畫。每於一計畫將完成之時，即預為應行之另一計畫開端。自十九年起，各方雖擾攘不定，公之計畫，實已注重於剿匪方面。四月初電贛主席魯滌平，令各縣長注意防匪，謂「如有遇匪即退，棄城潛逃者，當處以極刑」。預定通令各部長官，亦以此為急。及十月上旬，戰事結束，益注意於此。擬繼續進行整理軍事、處置及部署各軍外，其一即為召集剿匪會議，雖至二十二年始召集，而經營規劃，實自此時始。

中國由紛亂而進於治之先聲

十九年國慶日，公發表告全國同胞文。內述五端，均為當務之急。美國太陽報於一九三一年元旦，曾著論稱之。據中國由紛亂而進於治，此文實為之先聲。其文曰：

「全國同胞公鑒：今日為國慶紀念之令旦，凡我全國國民，緬懷過去艱難締構之史績，更宜共負發揚光大之重任。當此討逆軍事漸告結束，微獨前線將士，勞苦犧牲，即我全國民眾，或遭受逆軍之蹂躪，或備嘗匪共之殘害，乃至政治建設，稽其實施，農商百業，陷於停頓，凡此痛苦之代價，咸為國民之損失。是以此戰之後，在我全國人民，固必須有一致之努力，以鞏固國家之統一，而在負責建國之中央，則尤於討逆勝利之後，緊接之以政治之刷新，庶可慰舉國喁喁之望也。茲就目前為我同胞所最感切要，而亦國家實際所需求者，約有下列五端，為我全國同胞略陳之。一、為肅清匪共。當前方軍事進展之時，正匪共橫行梟張之日，彼既互為呼應，我遂兼顧難周，閭閻痛苦，維茲為甚，今軍事敉平，自當以清除匪共安定地方為急務，一俟班師回京，即當積極進剿。一面劃定區域，責令分區各負全責，以杜泄沓推諉之風。一面仍定整個會剿計劃，務使剷除根株，以絕各自為謀，此剿彼竄之弊。期以三月，至多半年，限令一律肅清，用蘇吾同胞切身之患，而同時則厲行保甲制度，實施清查戶口，使奸徒無所混匿，人民得所保障，此關於治安者一也。二、為整理財政，關於確立預算，厲行會計審計制度，歷次中央集會，罔不定為決議，剋期實行。終以軍閥割據惡習未除，反動叛逆更迭而起，障礙重疊，輒致稽延。今全國重見和平統一，此後對於財政，不惟須盡量節約，確立適宜之預算，尤須上下共守，以期預算之實施。而國家地方之度支出納，尤必對全國民眾為絕對之公開。至於統一幣制，以濟金融之混亂，裁撤釐稅，以培實業之元氣，亦必於最短期間，以求實行。此關於財政者二也。三、為發展經濟。一國之政治，罔不與國民經濟息息相關，中國數年以來，承帝國主義經濟侵略之敝，而重以反動勢力紛起為祟，民苦流離，戶鮮蓋藏，產業基礎，崩隳將盡，欲為培養根本之謀，宜以發展經濟為急。是尤宜恪遵總理建國方略之所示，在平等互利之原則下，吸收外資，以從事於產業之開發，唯其用途，宜限於發展交通，整闢水利，及開發農礦，與各種基本工業之事項，而絕對不以流用於他途。當此統一奠定之際，宜有遠大精密之圖。此關於經濟者三也。四、為澄清吏治。今日吏治之弊端，一曰因循，二曰貪汙，前者由於權責之未盡分明，後者由於瑕穢之猝難蕩滌，負人民之期望，為革命之汙點，莫甚於此。自今伊始，務必改善行政系統，確定政治責任，俾機關權限，與工作程序，劃然分明，絲毫無得而諉飾。尤必實行監察制度，檢舉貪婪，從嚴懲治，則貪汙始有所矜，此關於吏治者四也。五、為厲行地方自治。總理關於建國程序，與實行地方自治之遺訓，實為訓政時期唯一之急務，亦為實現真正民權之惟一途徑。中央既確定訓政綱領於先，國府各院部，復規定實施程序於後，對於厲行自治，亦既三令五申，顧實際成效，每不能與預定之進程相應。此不惟黨國所觖望，而政權行使，未能為實際之訓練，真實民意，無由發揮，抑亦為軍閥官僚共黨政客一切腐惡勢力所劫持所脅惑，以危害黨國之總因也。今叛亂勢力，已告剷除，人民實力，亟宜培養，中正以為今後政治施設，宜集中於地方自治之積極推進，完成其組織，充實其基礎，中央以之督率各省，各省以之督率縣區，務使訓政及早完成，而民權真能實現，此又攸關立國之大本也。綜上五端，或本為政府職責之所在，或有待全國同胞之協力，中正以為目前政治限度，必期此五者之實現，而後乃可告無罪於國家，爰就一時感想所及，為吾同胞粗陳其概，非云息壤之約，聊為共勉之資。吾同胞當知國家以人民為主體，必人民對於國家，感休戚一體之誼，而後禍國者，無所逞其技，必人民對於國是，有正確嚴明之認識，而後政治自能納入於正軌。過去政治設施之未臻健全，固有反動勢力之迭起為梗，要亦吾同胞漠然於是非邪正之分，放棄其督促政治之天職，與戮力國家之義務，遂令負責者慼措施之靡從，而奸人轉得竊名義以倡亂。而今而後，應於創鉅痛深之餘，明匹夫有責之義，民國成立十有九載矣，除舊更新，端賴群力，唯我全國同胞共鑒之。」

是晚提燈會甚盛。公曰：「人民對於國慶認識漸深，從此當更有進步也」。頗覺欣然。

孔夫人之雋語

嘗與陳景韓、宋子良、孔夫人及孔甥令偉、令俊等遊隱潭。由仰止橋經田灣，見向天獅子、三疊巖石筍等景，均以為勝。而由對面望妙高臺，雙峰並列，益見奇麗。孔夫人顧謂公：「奉化山高土厚樹茂水清，巖峻而瀑激，足以象徵君之性情」，公笑頷之。

行的哲學之基礎

「生活的目的，在增進人類全體之生活。生命的意義，在創造宇宙繼起之生命。」此為公之人生觀，訓話時屢屢言之。二十年中央軍校第一次紀念週中，講軍人的人生觀，又闡發此義甚詳。案此二語，實為公全部哲學思想之代表。其方法為「窮理於事物始生之處，研幾於心意初動之時」二語，其規模確立於民國十四年以前，極為總理所稱許。其後發揚光大，乃成「行的哲學」之偉大理論。而此二語，實為其基礎。後者總理曾與其在鼓山所撰「養天地正氣，法古今完人」二句，各書為楹帖。

對人做事

講對人做事，公曰：「一件事能使得一個人感激，就會有千百人同樣感激」。又曰：「社會上的事情，交友處世，也如天氣的陰晴寒熱一樣，都是隨時變化的。祇要自己打定主意，以誠懇的態度對人。做事肯耐勞耐苦，無論人家對你冷嘲熱罵，你仍是這樣的做去，將來自然會見圓滿的結果」。又曰：「人生的勞苦逸樂，多是主觀決定的，假使你有精神，有辦法，雖在做很困難的事情，也不會覺得勞苦」。以上為對特務班訓話，皆閱歷有得之言，點化世人不少。

爭約法

（中華民國訓政時期約法後於二十年五月十二日國民會議第四次會議修正通過）

公與胡漢民氏交情之深，見於尋常往來函電固甚多。即於公上總理書中力保胡氏為省長數語，亦可見之。而獨於約法之事，彼此爭執頗烈。胡氏素來不欲有約法，公憤而爭之。言已，逕赴湯山。晚，胡氏至湯山訪公，與前日態度迥異，自以政見不合，願辭本兼各職，擇居靜地，以謝賓客，有亟欲離京之意，公因留止之。是為二十年二月二十五日也。

初，胡氏於九日在總理紀念週中，當眾面辱公，公十日日記有一條云：

「昨日紀念週時，展堂逼人太甚，余情不自禁，幾欲痛哭。嗚呼！吾母已亡，誰知余心，天地間復有何人知余之痛苦至此耶？余惟有自信中華民國必能自吾手復興，以此希望為余自慰而已。」

既而，自以性氣躁急，恐將僨事，即赴湯山暫憩。到湯山後，公覺精神略爽，心氣亦平，嘗閉戶自省曰：「余此時惟有以靜敬自主，深思熟慮，如能保持大局則幸矣」。而至二十五日，乃卒復起爭執。公自謂「留止胡氏於湯山者，乃為不得已之所為」。後胡氏於三月八日返京寓修養。未幾，出居香港。國中謀叛公者，以為有機可乘，輒假託胡氏名，胡氏間或聲明否認耶。

公於受辱事，除十日日記外，又有隱約可見之語。其一為自念之言，曰：

「為國惟有相忍相恕，不可洩一朝之忿，以忘所負責任之大」。

其一為告孔祥熙語，曰：

「以斤斤為事，不知顧全大體，任性使氣於其友，亦何不自念其所負黨國責任之重耶」？

又曰：

「無論對何人，如見其有過，不妨直說面規。然須意存忠厚，萬不可於大庭廣眾之中，跡近侮辱，使人難堪也。嗚呼！余之身受欺騙恫嚇侮辱壓迫亦屢矣，若非假作癡聾，又何以容眾而仕黨國之重？夫牽制侮辱之事，世世有之，何獨余一人哉？惟願不破損黨國而已。」

亦可知胡氏當日折辱公之甚。

此事發生以後，國內雖曾引起糾紛，有廣東另組政府之事，其後卒以公之精誠所感，不久復歸團結。初，四月杪，鄧澤如、古應芬、林森、蕭佛成，因此案對公提出彈劾。公曰：「此乃激於友情之故，雖然，四人皆監委也。余其引咎辭職，以為自白之地乎？」繼而細思，剿匪軍事、與國民會議二者，如辭職，必受影響，乃曰：「余何可以私人之毀譽，而忘軍國大計乎？」乃決定不辭職而請查辦，於五月二日，向中央執監委員會提出自請處分呈文。次日得復函，加以慰勉。公乃竭力籌備國民會議，積極任事如故。國民會議得如期於五月五日開會，十二日閉會。六月，改選，公仍當選為國民政府主席。及廣東政府取消，寧粵合作後，於十二月中旬，乃向中央常務會議，提出辭職。呈文中有云：「深維臨危不宜苟免，則負荷決無輕卸之理。而禦侮必期統一，則國內須泯鬩牆之爭」，是為全篇之主旨。公辭職後，林公子超代公為國民政府主席。

和平統一，是為公之惟一願望，而國民會議之得如期開成者，有一事頗足紀述。當五月四日，國民會議開會之前日，公往中央黨部，吳稚暉先生勸公往訪胡漢民，以緩和廣東方面空氣，公從其言，乃往訪之。始相見，均現不自然之色，繼則互相含淚，深談至十五分鐘而別。稚暉先生甚稱此事以為難能云。

對宣傳員訓話

宣傳員須隨軍出發，非強力之青年不可，人往往以其少而曷視之。故公訓話時尤注意於此。嘗懇切告誡之，略曰：

「你們不要以為人家看不起，便爾灰心。你們必要使得看不起變作看得起才好。」

又曰：

「你們只要在人格行動品性上表現出來，人家自然不敢小覷你們，自然要敬重你們了。」

此不特宣傳員當奉為至訓，一般青年皆不可不熟復此言。且此亦不獨少年人為然，古來英傑，被人輕侮者多矣，蘇季子不足言，他如以劉季為大言，以韓信為可辱，何嘗是被人家看得起，若便爾會心，那得成事？宋代呂蒙正參加政事時，或竊指目之，謂「此子亦得參加政事耶？」人欲究之，蒙正謂知之反是介懷，此最是雅量，可以為法。

琴風翁

族父琴風翁，為公之舅氏，性通敏有遠識，公甚敬重之。當公年有十九，赴日留學，鄉人皆尼之。王太夫人欲不許，翁輒稱之曰：「姊平日固以遠大期甥矣，今甥既有志東渡，何可不許乎？」並為籌資學之費，乃得成行，故公甚感之。嘗曰：「微舅氏，或無以遂吾之志也。」終身事之惟謹。

提倡陽明學說

閱陽明集竟，公曰：「陽明闡發孟子良知之理，與大學明德之奧，而其下手工夫，在於格去物慾之私，存養天理之公，直截了當，簡易切實，看中國今日人心之病，正在於此，故余認陽明之學，為今日救國之本，當努力以提倡之。」

九一八

二十年九月初，公由漢回京，中旬赴贛督師，十九日到南昌。急報疊至。云昨晚倭寇無故攻擊我瀋陽兵工廠。又云突佔領我北大營之房，又云已占領我瀋陽。又云已佔領我長春。又云佔領我牛莊。公每接一報，輒仰天歎曰：「倭寇果乘機來侵略我東省矣」。是夜，公達旦未寐。

公自十七年「五三」慘案以後，時時以雪恥自矢。「九一八」國恥發生，痛傷更深。曰：

「倭寇野心既一爆發，必難再止，東亞從此無寧日矣。苟為我祖我宗之子孫，而不圖收回東省者，則永無人格矣。臥薪嘗膽，教養生聚，忍辱負重，以求必濟，是我今日之事也。」

又曰：

「如我國內，果能從此團結一致，未始非轉禍為福之機，是故對於內部，更當素謀團結。」

於二十日，乃乘船回京。

到京後，召集幹部，商討對日方略。公主張以日本佔領東省事實，先提出國際聯盟會，與簽訂非戰公約諸國，以為此時惟有訴諸公理云。當時宋部長子文偕拉西門來見，商東北事，拉稱不數日國聯一出干涉，則日軍必退。公曰：

「不然，余知日人對我東北之心理，寧使其東京或日本三島全毀，此時決不願自動退出東北也。君勿輕易視之。」

越日，果聞瀋陽日軍事當局宣布，將永久佔領奉天。隨將我通遼、四洮等路佔領。朝鮮日軍到龍井村，吉林日軍到敦化，強行接築吉會路。及十月中旬，日軍首領向部屬演說，竟有頭顱可斷、兵決不撤之語。其政府於九月下旬，國聯提出之通知，已表示不接受。至十月初，且決議對中國南部之抗日救國運動，向國民政府提出重大警告，訓令重光葵公使照辦，並派軍艦五十艘闖入我長江示威。十月五日深夜得報，日艦四艘，載陸戰隊四百名，已到上海。日海軍當局更派定大巡艦兩艘、驅逐艦十餘艘，會同裝載陸戰大隊之特務艦，向上海出動。故佔領東北，乃日本甘冒大韙，而決心為之，非可倉卒挽救者也。

公於九月廿二日，聞日軍調兵築路等積極舉動後，嘗歎曰：

「日人之侵略實行，世界之第二次大戰，於是開始矣。不知各國人士，能見及此否？」

可見公對「九一八」事變認識之深刻與嚴重。故即一再告戒張學良，一為轉萬福麟所談，曰：

「請回語漢卿，切勿單獨交涉，而妄簽喪土辱國之約。須知倭人狡橫，速了非易。不如委諸國聯仲裁，尚或有望。否則，亦不惜與倭一戰，雖敗猶榮也。」

一為電吳鐵城轉告，曰：

「無論日本公使代辦及其他日人，漢卿兄以不直接見面為宜。如不得已時可派員代見，使日人不能造謠離間。不然，漢卿兄與日人見面一次，必多與日人一造謠機會也。」

及拒絕國聯通知，國聯無更進一步之表示，公乃慷慨言曰：

「如此，則暴日之兇燄將更張矣。倘與之直接交涉，或聽其地方交涉，則必無良好結果，無已，惟與之決一死戰，以定最後之存亡。與其不戰而亡，不如戰而亡，蓋可以存我中華民國之正氣與人格也。余今決心移首都於西北，集中軍隊主力於隴海路，嚴陣待之。」

然念國力不可與一戰，故惟忍耐以避交涉，而不激烈以言戰事。既而京滬學生，紛起請願，至毆傷外交部長王正廷。雖激於義憤，其間或不無背景。公頗以為危，至以死自誓。略謂：「抗日救國，絕大事業，散漫狂動，何濟於事，此必雜有政治作用，時局嚴重如此，萬一不測，余自當見危授命，終不至愧為我父母之子，總理之徒也。」乃擬遺囑如下，曰：

「蔣中正遺囑。持其復仇之志，毋暴雪恥之氣，兄弟鬩牆，外禦其侮，願我同胞，團結一致，在中國國民黨指揮之下，堅忍刻苦，生聚教訓，嚴守秩序，服從紀律，期於十年之內，湔雪今日無上之恥辱，完成國民革命之大業，是所至囑。」

至是，公彌覺國內團結之不可一日緩，故竭力與粵方商討和平問題，雖得諒解，復歸合作，公在當時，亦頗覺難堪，嘗自歎曰：

「既要余屈服，又要余負責。嗚呼！余既以身許黨國，此時惟有屈身抑志，逆來順受，以求萬一之補救而已。」

粵事略見前爭約法條，茲不具述。其進行與粵方和平調解者，則蔡元培、張繼、陳銘樞也。時粵事雖告和平，而國內仍有多人，未明國情，不量民力，不察國際形勢，貿然要求政府對日宣戰，甚至怨望政府，攻擊不遺餘力，公謂是雖不諒，而默察全國人民，究以熱心愛國者為大多數，故余於我中國，認為確有希望也，乃考慮備戰之事，另著於後，茲不具述。

考慮備戰及講演擁護公理抗禦強權之道

「九一八」事變起後，舉國無不憤懣填膺。公考慮備戰之事，有曰：

「到開戰時，余將先通告各國元首，促使注意於共同保守公約之責任，此不可緩也。」

又曰：

「此次對日作戰，其關係不在戰鬥之勝負，而在民族精神之消長，與夫國家人格之存亡也。苟徒憑一時之興奮，而不具長期堅持之決心，非惟於國無益，而且反速其亡，默察熟慮，無可恃也。而余之所恃者，在我一己之良心與人格，以及革命之精神與主義而已。是故余志已決，如果倭寇逼我政府至於絕境，迫我民族至無獨立生存之餘地，則成敗利鈍，自不暇顧，只得挺然奮起，與決一死戰，恃我一己之犧牲，以表示我國家之人格，以奮揚我民族之精神。明知戰無幸勝，但我國積弱至此，亦無可再辱。我民族被辱至此，亦無可再辱。將來我國家民族處境之惡，比諸現在，亦無可再惡矣。況夫余有自信之心，余自信且甚深，余信有余一人之犧牲精神，必可由此一戰，以解決我國家一切之糾紛，湔我民族積久之恥辱，完成我生平未成之志願也。要亡，與其坐而待亡，何如死中求生？置之死地而後生，置之亡地而後存，此志既決，更何所用其疑慮乎？」

公對日方針，決定以撤兵為交涉之先決條件，顧維鈞來見，謂英公使接其外交部長來電，勸公勿堅持先撤兵之說，英美對此事輿論，漸趨一致，皆主張公道云云，公不以英外交部長之言為然。曰：

「余決心既定，至不得已時，不論各國之態度如何，不計國聯會議之結果如何，余為保障我國土，與世界公理計，任何犧牲，在所不惜，且余亦深知非與日本決一死戰，則我中國斷難完成革命也。」

中日戰事之必不能免，與開戰以後之非短期能了，公於此時蓋早見及之。及十月中旬，在國府紀念週講演擁護公理抗禦強權之道，於今日閱之，亦可知此次抗戰之意義，故全載之。講演詞曰：

「日本軍隊佔據我東北遼寧吉林各地方，迄今已逾三星期了，上月三十日，國際聯盟會決議，通知日本撤兵，希望他在兩星期內撤盡，期限也快要到了。國聯要日本撤兵，本希望此次兵禍不再擴大，此案能和平解決；但是日本非但無撤兵準備，其軍事行動，反更加積極，尤其本月八日，日軍用許多飛機，在錦州我們遼寧臨時省政府所在的地方，拋擲許多炸彈，使我人民生命財產損失很重。日軍此種舉動，完全欲憑藉其強大的武力，達到他們侵略的目的，這不但是我國的莫大恥辱，即世界各國，也必視為公理人道之敵，不能長此容忍的。國聯行政院在上月未閉會的時候，本定本月十四日再行開會，如在十四日以前，日兵完全撤退，即不再開會。但照近日日軍行動，尤其是轟炸錦州，國聯認為形勢非常嚴重，已決定提出於十三日開會。我相信這一次開會，一定要依照公道的主張，找得和平的道路，使東亞和平，以至世界和平，不致被日所破壞。照最近數日的情形，侵入東北的日軍，不但未遵照國聯的通告，不使事件擴大，且更到處騷擾，日日擴展其軍事行動。不僅如此，即在我國南部沿海口岸，亦紛紛派遣軍艦，運載陸戰隊到處示威。而在上海僑居的日本人，昨天開居留民大會後，集合數千人列隊遊行，闖入中國商店，擊傷中國孩童，撕毀標語，肆意辱罵，其有意挑釁，更屬明顯。所幸我警察嚴密防範，民眾亦持沉著鎮靜的態度，所以他們雖有挑釁的決心，結果還是無釁可開。我們這種堅忍鎮靜的表示，並非即是屈服，乃是知識程度進步的表現。我們中國人的智識程度，現在已非三四十年前可比，外族武力，決不能威脅我們的。日本此次無故佔領我國土地，必自恃其強大的陸海空軍，以為中國必非其敵。我若稍與抵抗，彼即可藉口開戰，必使我割地賠款，方肯罷休。我國有一部分人，也有此種心理，深怕得此結果，欲圖恢復，非數十年或百年不可。不知此種心理，在我國三四十年以前的情形，是可以適用的，現在卻完全不同了。我相信以國人現在智識程度的進步，到了萬不得已，而至和平破裂，一定能夠忠勇奮鬥，不會失敗的。我們現在固要盡力避免戰爭，且在未至戰爭的時候，仍要鎮靜持重，無暴其氣。就我們國民智識程度的表現看，實在可以和強敵決一死戰，這不僅我們自己要認識，世界各國，在這一回事中，都可認識了。前清甲午庚子兩次戰事，中國有兩樁最可恥的事，在甲午年與日本開戰時，北洋艦隊，已被日軍戰敗，南洋艦隊依然袖手旁觀，而且宣告中立，這顯然表示中國人無民族思想與國家觀念，使外人視我中國人無團結一致的精神。在此種情形之下，如何能不受人輕侮。第二、庚子年的義和團，不辨國籍，不分恩怨，對於外人，一味仇視，充分表示中國人民沒有智識，自然要給外國人輕蔑欺侮。不過這是三四十年以前國民智識程度的象徵，不是現在民族心理的表現。日本軍人不明此理，猶抱持其三四十年以前的目光，來看民國二十年今日的中國人，他們這種錯誤，就是他們失敗的先兆。現在我國人民已經都知道國家是人民共有的，不像以前視作皇帝一個人所有了。因為以前視國家為皇帝所有，所以與日本開戰時，便也看作皇帝一人的事，百姓是不必管的。到了今日，我們的國民，已經把這個心理完全更改了，知道國家是人民的國家，無論日本欺侮我們那一處人民，或者侵佔我們那一處地方，人民就立刻覺得這是欺侮我們全體人民，與侵佔我們整個國家。人民對國家觀念，不但十分熱烈，且在極熱烈之中，依然能保持很明白的理智，不作無意識的行動，不中敵人狡計，這就是我們立國的基本，也就是禦侮的基本。日本此次出兵，佔領我遼吉兩省，全國同胞立刻一致起來反抗，不僅長江一帶如此，即最南部的最遠的廣東人民的表示，也十分激昂。這種全民一致的精神，真是衛國的至寶，比什麼力量都大。照上述理論看來，現在我們的軍備武力，雖然不如日本，但因為我們人民智識程度提高，所增加的衛國力量，實足以保衛我們國家的存在。這種精神的表現，決不是軍國主義的國家，所能壓倒的。所以此次事件，固希望能夠和平解決，但若萬不得已而須以武力自衛，就必定可以得到最後的勝利。我們必能為擁護國家民族的生存，維持公理人道的尊嚴，堅持到底，決不屈服。全國國民總力的表現，不但不為敵人所威嚇，而且是為世界公理、國際公法來盡其所應盡的責任。無論異族用什麼陸海空軍的暴力，來壓迫我們，我們全國仍要以極悲痛沈著的精神，抵抗此莫大的凌侮。現在的國民，已與三四十年以前的國民，大不相同，日本人的眼光應更變更，我們自己更要認清此點，我們更要知道，世界上任何國家，任何個人，都不能離開世界而獨立。就國家論，立國於世，必有與國，國與國際，自必有其相安相助之道，決不能祇顧自己的權益，而妨害甚至侵犯他國的權益，如果如此，則此祇知為自己的國家，決不能得與國之同情，而安然並存。我國是世界國之一，即不能離開世界，同樣既是國際聯盟會的一分子，即不能離開國際。任何國家，離開國際，都不免失敗，都要自取滅亡。現在日本即陷於此種境地，軍人只曉得自己的陸軍強大，只想一腳踢進我東三省腹地，即可踞為己有。殊不知世界自有公理，決不容許他這樣飛揚跋扈，來破壞世界的和平。世界非僅一日本，國際非僅恃強權，日本佔領東三省，就是破壞東亞和平，日本軍閥不明此理，無異自絕於世界。國際聯盟會希望日本侵入東省事件不要再擴大，而日軍惟恐不擴大，日本飛機轟炸錦州事件，遠在國聯訓令日軍撤兵之後，故其暴行，使全世界各國，更明知其野蠻無理。我政府當此大難，鑒於國民智識程度的提高，以及國際公理的猶存，所以決不存畏懼之心。無論日本武力怎樣強大，都不在我們眼中。我們只要自問有無眾志成城的精神，能否遵依世界的公理，能否擁護國際公法的尊嚴，以及能否維持非戰公約的存在？我想我們是世界的一國，又是國際的一分子，無論如何，都有擁護公法與維持公約的責任。且不但我國有此責任，世界各國，也都有這個責任的。今日我們固甚願以和平的方式，來保全非戰公約的尊嚴，雖日本侵佔我們領土，我們不對他宣戰，是為了要維持公理，為公約公法而竭力忍耐，但到萬不得已，公法與公約都不能維持的時候，也決不惜任何犧牲，以盡我維護國際公法，維護非戰公約的責任，非戰固是神聖，但為維持公法公約而戰，無論犧牲怎樣重大，在所不惜。全國同志同胞，我們知道現在已是文化日進的世界，決非那野蠻武力可以致勝一切的。中國民族已不是三四十年以前的情形，忍耐與奮鬥，都能依著時勢的必要，以表現我們的人格與決心，不為屈服的。我們更應相信國際有公約，人類有公道，我們要以和平的心理去遵守，以犧牲的精神去擁護。橫暴不足畏，威武不能屈，我們要和平奮鬥，以捍禦此次的國難，以擁護國際的公法。」

按當日此詞發表後，英美人士皆頗為震動。

與朱培德談對日外交方針

召朱培德等商談對日外交方針。朱曰：

「對日不患準備戰敗，與先和而徐圖報讎兩途」。

公曰：

「固也。但戰敗，則以全國殉余一人之歷史，先和，則以余一人之歷史為全國而犧牲。余雖身敗名裂，但後世自有功罪之定論。祇要全國有希望，余亦自願犧也」。

朱肅然謂培德實謹聞公此言。

長公代覆孫電

公於二十年十二月辭職後，在奉化武嶺故里度歲。二十一年一月初，孫院長科電請蒞京坐鎮。略謂「黨國失卻重心，先生平昔愛國愛黨逾於恆人，想不忍袖手而坐視也。務懇蒞京坐鎮，則中樞有主，人心自安」云云。公曰：「哲生之語則摯耳。然同志間如未能澈底覺悟，吾復何能為力哉」？長公介卿知公苦衷，乃託辭謂公已赴雁宕，來電無從轉遞，以電致何敬之轉告於孫院長。旋得劉文島自柏林來電，謂「鈞座高蹈，國失重心，德國亦覺失望」。公益覺不能無動於中，為之憮然。

電部屬阻止特殊組織及設置

辭職鄉居，聞某將組織九省聯剿辦事處。公致電規之。曰：「聞兄有九省聯剿辦事處之組織，此乃十年前督軍團之行動，必為現時代所不容。凡政治地位，決非徒事張皇所可成事，必須從腳踏實地做起。如兄果有此種進行，則於公於私，皆大不利，而中更反對，務請兄在政治上積極改良振作，則任何人亦不能動搖也」。又聞某為團結北方計，主張設立晉魯等政委，公電宋子文氏，令切實轉告。謂「此割據弊政，中極反對之」。防微杜漸，不以己之在位與否而易其心，公之忠忱，昭然可見。

卷五

二十一年初返京

二十一年初，京中或主張與日本斷絕國交，公聞而驚曰：「內無準備，遽爾出此，大危之事也」。時各方紛紛勸公再出，公乃於一月二十一日晉京。

當入京之前再三計慮，一日，在宴會中慨然曰：「余不入京，則必貿然與日絕交，妄逞一時血氣，國必敗亡，故余決計入京，以助林主席挽救危機，本我良心，盡我天職」，臨行，則語夫人曰：「國事危殆至此，惟余回京，尚有挽救之望，而個人之毀譽成敗，則概不顧也」。夫人點首稱善。

入京後，居於湯山。朱培德、何應欽、陳銘樞來見，公與之談話。論國事，公曰：「國家大事，當澈底細思，實事求是，不可一蹴而幾也」，蓋深以躁切為戒。

公到京後，各方聞之，紛紛來電稱慶。京中氣象，頓時為之一新。

一二八淞滬之役

自九一八而後，各方紛起抗日，二十一年一月下旬，上海形勢嚴重，二十七日，日領揚言不取消抗日會，其海軍即將自由行動。經市政府與各界接洽，抗日會允不過激烈，而十九路軍則憤甚，蔡廷鍇、戴戟均表示不惜犧牲，有隨時發生衝突之虞。參謀部長朱培德，軍政部長何應欽，乃會銜令飭憲兵司令谷正倫，衛戍司令陳銘樞，淞滬警備司令戴戟，派憲兵一團，即刻開往上海閘北一帶，接替防務，歸戴戟指揮。公惟深以陳友仁輩絕交邪說為慮，謂「真如想能悟其非耳」。真如，陳銘樞字也。又謂「未知倭兵果有誠意能不生事否」？是夕焦慮不能成寐。

一月二十八日丑夜後，得鄧振銓電稱，本夜十二時，聞滬方發砲十餘響，繼據第七十八師鍾團報告，閘北中日軍隊發生衝突。又據警察報告：「日陸戰隊已佔領五區三分所之一派出所，我陸軍與義勇軍，正與敵對峙中。淞滬電話，祗江灣可通，除設法探討敵情外，職當率淞滬軍警，依照原定計畫，嚴加戒備，然仍力求與日避免衝突。萬一至不得已時，惟盡我天職而已」云云，公頓足歎曰：「倭寇必欲再侵略我東南乎？我亦惟有與之決一死戰而已」。次日，蔣光鼐、蔡廷鍇、戴戟聯名電告，略謂「昨晚十一時，日軍通牒吳市長，限本軍撤退，尚未答覆，突於十一時半，以天通庵車站為根據，利用戰車機槍掩護，自虬江路沿寶山路及橫濱路青雲路，向我第七十八師第六團防區猛襲，並放火助勢，極為兇猛，區師長乃督率官兵，奮力抵抗，將其擊退」云云。自是來電絡繹不絕，公與各委員終日相聚，研究報告電訊，自晨至午夜始休。公乃決定實施所定積極抵抗方針，先遷移政府於洛陽，免受砲艦之威脅。與之決戰，並為長期抗戰之策。遂致電何成濬、何鍵、熊式輝等告以「昨夜倭寇向我上海閘北第十九路軍防線襲擊，刻尚在對戰中，我軍決與死戰。其在漢潯海軍，必有軍事行動，務望嚴密戒備自衛，萬勿為其所屈！第四師應集中武昌嚴防，切勿分散！以後軍費困難，惟有地方自籌耳。」「一二八」事件之發生情形，及抗戰之策，大略如是。其實施應付之詳情，及演變經過之實況，並略著於下。

政府遷洛，公於「九一八」時已有此主張，至此，乃決實行遷移。初，公自思曰：「遷移政府，與倭長期作戰，將來結果不良，必歸罪於余一人，然而兩害相權，當取其輕，政府倘不遷移，受倭威脅，將來必作城下之盟，此害之大，遠非余一人獲罪之可比，余早有志犧牲個人，以救國家，復何所顧惜哉」？於是乃於一月三十日，密電各軍枕戈待命，而促令政府遷洛，並親自護送以往。致各軍電曰：

「東北事變，肇始迄今，中央為避免戰禍，保全國脈起見，故不惜忍辱負重，保持和平，期以公理與正義，促倭寇之覺悟。不意我愈忍讓，彼愈蠻橫，滬案發生，對渠要求，且已茹痛接受，而倭寇仍悍然相逼，一再向我上海防軍突擊，轟炸我民眾，毀滅我市衢，同胞慘遭蹂躪，國亡即在目前，凡有血氣，寧能再忍？我十九路軍將士，既起而為忠勇之自衛，我全國革命將士處此國亡種滅、禍迫燃眉之時，皆應為國家爭人格，為民族求生存，為革命盡責任，抱寧為玉碎毋為瓦全之決心，以與此破壞和平蔑棄信義之暴日相周旋。中正與諸同志久共患難，今身雖在野，猶願與諸將士誓同生死，盡我天職，特本血誠，為此電告，務各淬礪奮發，敵愾同仇，勿作虛浮之豪氣，保持犧牲之精神，枕戈待旦，以挽危亡，黨國幸甚，民族幸甚。」

是日下午，政府遷往洛陽，林主席、行政院長渡江先行。次日，公與夫人由浦口乘車起行。車中深思救國之計，謂內政、教育、交通三者須有人積極負責。又擁兵自恣，好為領袖，不肯下人，為統一之障礙，亦即為救國之障礙。爰自勉曰：

「對外須先統一國內，無論此次對倭，即在下次世界大戰中，我欲為自由中國之戰鬥員，更須統一內部。余既不獲由余之名義統一，應勉圖於實際上由於之行動統一，而余退為其部屬，助其成功也」。

此為何等精神，耶穌以自尊與謙卑二者並重，豈非深有得乎其旨者哉？

淞滬之役，公未居任何名義。初，陸文瀾電公，轉告蔣光鼐意，略謂「目下時局緊急，軍事提挈，不可領袖無人，現擬由該路軍蔣蔡戴等聯名通電，敦請鈞座出任陸海空軍總司令，統率全國軍人，一致對外」等語，公於二月二日，即電宋子文轉告蔣及蔡廷鍇、戴戟等，謂「此時無設總司令之必要，否則對內對外，或生不利影響，亦未可知，如果事實上有必要之時，則為公為私，皆所不辭也」。後以戰事激烈，至五日又電宋氏轉告蔣等曰：「兄等惡戰苦鬥，已經一週，每念將士犧牲之大，效命之忠，輒為悲痛泣下。刻聞倭寇陸軍登陸參戰，未知果有幾何？如有二師以上之陸軍登陸，則我方應即重定計畫，與之正式決戰，如有必要，中可親來指揮也」。又指示軍事及詢傷亡官兵甚詳。非必要，乃不居其名，有必要，則務盡其責，此又可知公之用心。而時反對者，故作謠言，以相中傷，各方均以不增加援隊相責難。公曰：「軍事秘密，彼固不知，然亦反宣傳之毒也」。及得于院長右任請南下指揮以免毀謗之電，乃致電復之。曰：

「奉電誦悉。決不敢退縮逃罪，亦不敢擅進爭名。當此國家危亡之時，只求有益於黨國，區區個人毀譽成敗，豈足容懷？陸空各軍，皆補充完妥，外人不測，必欲責難於個人，亦惟聽之而已」。

發電後，又思反宣傳者之用意，謂「是必欲毀滅真實之歷史，使余不得領導革命耳」。後淞滬將領曾有電闢謠，電末云：「茲擬將我軍抗戰以來，蔣公勗勉我將士及其增援原電，逐次披露，以明真相」，由蔣光鼐、蔡廷鍇、張治中聯署拍發。

公考慮淞滬戰局，海空合攻，則吳淞難守。陸軍大至，則戰線延長。乃電何應欽、陳銘樞指示曰：

「如日陸軍既加入參戰，則我軍應即縮短戰線，重新布置，必立於進可戰退可守之地，且使無論和戰，皆不失於主動地位為要」。

後得復電報告，知已選定抵抗倭寇之本陣地線計二線。一、現抵抗陣線，即楊家行、大場、真如、虹橋之線，二、瀏河、嘉定、南翔、泗涇鎮之線。其第二線為後退配備，並謂已飭俞濟時時先期構築堅固工事。乃又致電復之，略謂兩線均妥，希即就預定防線配備布置，勿少疏緩云。

民族罪人汪兆銘，始預廣東組府之謀，即寧粵合作，則又投機來京，任行政院長。二月中旬，公在徐州。十二日，汪自洛來會，神志沮喪，意態消極。公見其如此，以決心為黨國犧牲之精神告之。慰勉百端，終無以激發其頹敗之心志，公乃奮然自興曰：「余自願赴京負責，對軍事外交處理一切，無論如何危難，死生以之」。汪始躍起曰：「如此甚善，一切胥賴兄矣」。公乃於當晚乘車南回。次日到浦口，何應欽、陳銘樞來見，商談滬事。公先陳述當時國際形勢，略謂各國此時似難切實助我，而我軍在滬之竭力抵抗，則頗得各國同情。故我方對於軍事外交，應雙方並重。季新（即汪兆銘）已抱悲觀，余乃不得犧牲一切，支此危局。今日根據環境，與敵我內容，主張對於滬事取和緩，以保國家元氣，而蓄復仇雪恥之本。但淞滬戰事，必死力一拚，惟期不擴大，使不可收拾耳。

時聞北日軍主力，漸向北移，將由巷戰而趨於野戰。巷戰彼此不能運用多兵，及特種砲兵，至野戰則形勢異矣。公於回京車中，得何應欽電陳所計畫布置者，觀畢，稱為尚妥，惟太息曰：「此次我軍損失必大」。其後江灣、八字橋、廟行鎮等役，果然。然公未嘗以此姑息，入京後，即命何氏轉電第八十八師師長俞濟時，及旅長宋希濂，勉以服從蔣光鼐總指揮命令，努力奮鬥。電曰：

「查日陸軍一師一混成旅增加來滬，約於明日可以到齊，而外交停頓尚無結果，此後我方軍事，當益加嚴重矣。惟作戰致勝之道，端在指揮統一，奉命確實，及與友軍協同動作，密切聯繫。望兄等謹遵此旨，對蔣總指揮命令，絕對服從，並嚴守規定時間，確行授予任務，而對於友軍，尤須抱共患難同生死之精神，則最後之勝利，自不難操券而得也。希即遵照，並曉諭所屬，一體奉行」。

俞宋均隸第五軍，為公之親信部隊。俞師是役損失之大，至不能成軍，詳情另述於下。

二月十八日，倭寇致通牒於我方。次日，宋子文、顧維鈞、孔祥熙、吳鐵城電公報告我方覆文稿計分八段如左。

「一、頃據本國第十九路軍蔣總指揮電稱，十八晚九時，蔡軍長廷鍇准日本軍司令植田謙吉函請華軍從速終止戰鬥行為，於二十日午前七時以前，將現據之第一線撤退完了，並於是日午後二時以前，從黃浦江東西岸指定地面各離租界之線二十基羅米突之地域內撤退完了。並開列其他條款，要求實行，否則將採自由行動等語。並接上海市長吳鐵城電稱：接到貴國駐滬總領村井倉松函同前由，均經閱悉。二、查自去年九月十八日，貴國軍隊在瀋陽，無端挑釁，侵佔東省各地以來，吾國各處人民，鑒於貴國軍隊之橫施侵略，無不憤慨異常。三、二月十八日上海發生本國人民毆傷貴國僧徒五人，自屬遺憾。即貴國僑民亦不能免有此類越軌行為。同月二十日，貴國浪人在距玉山路附近，亦有公然殺人放火之事。乃貴駐滬總領事藉口該案，向上海市政府提出嚴重要求，一面調遣大批軍艦，造成威逼形勢，限期為滿意之答覆。上海市長吳鐵城，顧念上海中外人民生命財產之安全，不得已委曲求全，於二十八日下午，勉強採取該項要求。此項答覆，業經貴國駐滬總領事認為滿意，不意是晚十一鐘二十五分，忽接貴國海軍司令於十一鐘時所發之通告內稱：日本陸戰隊將出發至閘北地方，要求該處華軍從速撤退等語，並於當晚十二鐘左右，實行進兵至閘北地方。吾國駐軍，為自衛計，乃不得不加以抵抗。四、惟我國方面，將終抱維持和平之宗旨，是以上月二十九日，各有幫駐滬領事，提議休戰，暨三十一日英美總領事及陸海軍司令官建議雙方撤兵之辦法，以及本月二日，英美法意四國政府之調停方案，吾國均無不誠意受，而貴國方面，或則一方佯允停戰，而他方藉端依然攻擊，或則不照原議辦法，予吾國以考量機會，遽行違約，向我進攻，或則漠視各友邦苦心調停之好意，使各國整個調停計畫，成為一片空言。觀於此種態度與行動，實不能不認貴國政府，對於停止戰鬥恢復和平一節，毫無誠意也。五、況自貴國軍隊在滬開釁以來，貴國方面藉口保護三萬日僑，除陸戰隊五千人外，復增調陸軍兩師團，並有繼續增兵之傳說。此外在滬有大小軍艦四十餘艘，航空母艦二艘，飛機一百餘架，野戰砲重砲及其他軍械，不計其數，攻擊轟炸，無日或已，然而保僑之結果，反將閘北及吳淞地方悉成灰燼，吾國教育文化機關及醫院等，橫遭擊毀，吾國無辜良民及水災被難人民以及婦孺等，遭殺戮者數千餘人。而其他被難人民之流離失所者，何啻數萬。六、顧吾國方面，始終努力於和平之進行，是以最近英法美三國公使來滬居間斡旋，吾國復加誠意接受，原冀根據雙方同時撤兵之原則，實行停戰，使各友邦公使調停之好意，不致終成泡影。乃貴國方面始終缺乏誠意，不但不能諒解吾國與各國斡旋和平之意旨，並對吾國提出不合理之要求，以致上海形勢，益趨嚴重，此則吾國政府所深抱遺憾者也。七、查貴國來文內所請終止戰鬥行為一節，本國軍隊始終抱定自衛宗旨，倘使貴國方面確能表示停止攻擊之誠意，吾國軍隊決不還擊。惟所指撤兵區域，均係吾國管轄領土，吾國駐軍毫無撤退義務。其出兵區域以外之日本人生命財產，須由中國方面完全保護一層，中國方面對於外僑，無論在中國何地，向來加以保護，自不待言。至謂上項保護如未完全情形，日本方面得執行適當之手段云云，似欲俟華軍撤退以後，再行藉端尋釁，本國政府尤難承認。再所稱禁止排日運動一節，當此貴國軍隊在本國境內多方挑撥尋釁之際，本國人民之憤慨，自必日增。假使貴國不將貴國軍隊從速自本國境內撤去，一面誠意表示尊重本國主權與領土行政之完整，則日本人民之所謂排日運動，恐亦無從使之消滅。總之，貴國軍隊此次藉口保護上海租界，違反各國原定防範計畫之用意，竟將租界地方，作為侵略吾國管轄領土之根據地。其因此而華租兩界人民所受之一切損失，自應由貴國方面負其全責。八、基於上述理由，貴國來文所指各節，吾國礙難接受。倘貴國軍隊再行進攻，本國軍隊仍必遵照本國政府命令，竭力抵抗，因此發生一切影響，當由貴國政府負其責任。如貴國政府確能命令貴國軍隊即日停止一切侵略行動，而為進一步誠意之表示，吾國為貫徹維持和平之初衷，仍願加以善意之考量也」。

云云，初，自公到京後，局勢漸趨和緩。十七日，與張羣談對日問題，據云上海全線，已兩日無衝突。外交方面，英藍浦森公使，向日使重光葵，提議雙方撤兵之事，重光已贊同其原則，俟十八日先由雙方軍事當局，或派參謀長會商擬定。公笑曰：「大學有言，小人閒居為不善，無所不至，見君子而后厭然，揜其不善而著其善。人之視己，如見其肺肝然，則何益矣，此正日人軍事外交之謂也。」其誠偽真假之間，公於此時，蓋已瞭然於胸矣。至期，由英使約雙方代表晤談，我方代表范志陸，日方代表田代。日方提出條件多為無理要求，我代表當謂「所提辦法，不特十九路軍礙難贊同，即中國政府與人民，亦必不能同意，即承見告，當請示軍司令與政府」。日代表謂「雙方請示，固是辦法，但日軍司令與日政府，已經再三研究，所見相同」。並謂時機迫切，望速答覆云云。是晚八時後，日軍司令植田謙吉，乃致通牒於我第十九路軍軍長蔡廷鍇，公得顧維鈞、吳鐵城報告後，大憤。曰：

「何物倭奴，是不知中國尚有人在。余之主張，雙方撤兵以前，決不有任何條件也」。

又曰：

「國際正義，人類道德，倭欲破壞之，余必保持之」。

即致電陳銘樞，令轉告蔣光鼐、蔡廷鍇、張治中、俞濟時等，略謂「觀倭寇今日要求，可知和平無望，中意如其陸軍正式作戰，則其主力必由龍華方面，以抄襲我右側背。務囑憬然、賢初、文白、濟時等切實注意」。並手書先與倭決戰意，以告汪兆銘。汪兆銘得書來會，惶然現不安之色。公慰之曰：

「是無足慮，或戰或和，我既立於自主之地，隨倭抉擇，我自有以應之，何憂為」？

又告以外交主張。曰：

「我國抗倭，固利於自動之地，有自主之權，然不能不善處友國，善造環境，尤以正義道德，為人類本有之天性，我與各國，皆有力與維護之責。故喚起各國對倭實施制裁，亦我所應為之事也。孔子有言，德不孤，必有鄰，友國或不致漠然視之乎？」

及閱通牒覆文稿，頗以外交部辦理得宜為喜。曰：「辭婉而意嚴，理直而氣壯，我方之覆牒，尚差強人意。但狹隘恣睢如日寇，必不能忍，余決督率全國軍隊，以與之相周旋」。

日謀和而不肯撤兵，日不撤兵，中國決不與之言和，時局在相持中。共產黨有佔領贛州、吉安，奪取江西全省之陰謀，而據香港方面消息，南方將召開救國會議，又擬成立西南軍事分會，積極救助十九路軍抗日云云。公領導軍事，二十餘年，為政治領袖，亦五六年，對於兵力國力，知之之深，自非他人所及。蓋言戰，則前途勘危，若說明其苦衷，則日本必愈強橫，和議亦無希望，故惟委蛇不迫，與之應付。力持以撤兵為構和之惟一條件，聞不肯撤兵，則曰：我方祗有抵抗到底，而又抱定攘外必先安內之宗旨，抗日剿匪，兼籌並顧，應付之難，此實尤甚。於是致電朱紹良、熊式輝，對於上海戰事，主張抵抗到底。且謂如果局勢緊張，或不能不放棄剿匪計畫，亦未可知。又令將在贛軍隊主力，撤至贛水，以便策應。時各軍多請纓抗日，公並覆電獎勉之。張發奎部將參加戰役，則令何部長應欽予以照拂焉。

對於淞滬戰事反宣傳之情形，前已略言之。俞濟時就任第八十八師師長後，國中仍有中央使十九路軍孤軍奮鬥，任聽其犧牲之謠。俞在通電中，於此略有申說，公亟致電張軍長治中，告以與十九路軍團結抗日，不可有彼此榮辱之別，能始終以十九路名義抵抗，是更足以表現我戰鬥力之強也。張軍長奉諭後，即致電呈復。略謂俞師長等前次通電，意在闢謠，今當更令諸將士知之。並謂曾對幹部會議剴切申誡，說明本軍此來，實與十九路軍，共生死患難，斷無與十九路軍爭功之心，亦即不敢有負鈞座諄諄教訓之意云云。公心乃慰。

張治中復公電，於陳明與十九路軍共生死患難外，又報告當時敵情。時敵軍已向我八字橋、江灣、廟行鎮一帶開始攻擊，是為二月二十日也。敵用唐克車、飛機等武器，形勢激烈。張治中、俞濟時，時時有電告公。公聞我軍能沉著奮鬥，甚喜，謂即此亦足以奪倭軍藐視我之氣矣。明日，公思戰事，有曰：「我第五軍與第十九路軍，能協同忠勇如此，倭寇非再加兵增援，我陣腳必穩，可以無憂」。又曰：「此亦我幹部文白與濟時，能服從我命令之效也」。蓋公前日曾密致二電為勗。其一曰：

「兄等決定在淞滬原陣地抵抗到底，奮鬥精神，至堪嘉慰，望兄等努力團結，為我黨國爭光。滬上地形複雜，敵方或將舍正面之攻擊，而向我側背著眼。但我陣地附近，河流縱橫，到處便於扼守。日軍若取攻勢，則其犧牲必較我為尤大。希與十九路軍蔣蔡兩同志，共同一致，團結奮鬥，對於蔣光鼐指揮命令，尤當切實服從，萬勿稍生隔膜。吾人若不於此處表現民族革命精神，決意犧牲，更待何時？可將此意轉告全體將士，努力保持我國民革命之光榮為要」。

其二曰：

「抗日為整個民族存亡所關，決非個人或某一部隊之榮辱問題，凡我前方將士，應徹底明瞭斯義，故十九路軍之榮譽，即為我國民革命軍全體之榮辱，決無彼此之分。此次第五軍加入戰線，因為敵人之所畏忌，且必為反動派之所誣衊，苟能始終以十九路軍名義抗戰，更足以表現我戰鬥力之強，我前已言之。生死且與之共，況於榮辱乎何有？望以此意切實曉諭第五軍各將士，務與我十九路軍團結奮鬥，任何犧牲，均所不惜，以完成革命之使命為要。」

此二電言之尤為懇切，所謂「能服從我命令」，蓋謂此也。

倭寇以並攻八字橋、江灣、廟行鎮之線未逞，乃改變戰略，以全力向廟行鎮行突破攻擊，激戰一晝夜，敵人盡力衝鋒，我第八十八師，以死守自矢。張軍長治中既令孫旅、宋旅前進增援，並親至第八十八師師部指揮。俞師長濟時率部對敵突入區施行反攻，卒將敵完全擊潰，敵進攻之兵，當在八千之數，其死亡在二千以上。我軍奮勇肉搏，前仆後繼，傷亡極大。第八十八師自旅長錢倫體以下，死傷官兵二千餘人，幾失兵力三分之一，公大為歎惘。而一念新練之兵，竟能耐此重大損失，固守不退，拚死反攻，卒獲勝利，則又引以為喜，乃致電獎勉之。後敵繼續進犯，仍被我擊退，然第八十八師，因傷亡過重，不能復戰矣。

淞滬戰事，自廟行鎮之役後，十九路軍抗戰之聲威，乃益震於世。

對日抗戰交涉二者，公於前由徐州回京時，已宣布其主張。二月下旬，於病臥中，何應欽、李濟深、陳銘樞及汪某等來訪，公起而與之談，又及此事。曰：

「此次對日問題，國聯方面，尚未能有積極制裁，日閣議聞為戰費不能不決定大出援師，處此情勢之下，我方應仍照原定方針，一面交涉，一面抵抗。抵抗得有勝利，稍稍退後，即以交涉途徑進行。交涉不得勝利，乃再力與決戰。是交涉之時，即為我從容計畫抗戰之時也。不過在此時間，不可不少示退讓，以表我確有和平之誠意。而我之根本計畫，交涉如不得當，自必準備抵抗到底也」。

既而又曰：

「在今日孤注一擲，雖敗猶榮，吾人固可得有虛榮也。然亡國而不恤，豈吾人所忍為哉？孫臏，古之善戰者也。其告田忌之計，謂彼三晉之兵，素悍勇而輕齊，齊號為怯，善戰者因其勢而利導之，田忌從其計，為滅竈示怯，卒敗魏師。是可悟退讓而示弱者，非真弱矣。況夫倭寇色厲而內荏，先天不足之國，最忌久戰。英美現雖未悟，久而久之，必被迫而取干涉行動，故余決心與日持久抗戰。如日不悟，余必使之陷入彀中，不能半途休戰，則我之最後勝利在握矣。孔子曰：『內心不疚，何憂何懼』，余決心照余之良心行之」。

諸人皆無言。既退，乃復臥。與日作戰必須持久乃有利，公數數言之，而其策略，實確定於是時。

此次淞滬抗戰，以敵武器佔絕對優勢，我軍傷亡極大。至三月初，乃計畫撤退。公悲憤之餘，嘗看俾斯麥傳以自解。曰：

「俾氏鐵血主義，必鐵與血相配始可。今倭寇以鐵肆毒，而我乃以血抗之，將士之傷亡，誠令我痛徹心肝。但我軍既以地形與戰略關係撤退，淞滬一戰之勝負，何足為懷，惟更應迅籌持久抵抗之策耳」。

乃致電蔣光鼐等指示。

三月三日夜半得報，日使重光葵正式通知各報館，日軍本日二點鐘停止戰事。英海軍司令以告我外交部郭（泰祺）次長云云，公笑曰：「倭以此次為已足償其淞滬屢敗之恥乎，抑欲表示其和平而不好侵略耶？其以欺蔽國際乎，其或謂我軍撤退淞滬，已足破壞余之名譽，以此不復能負責救國，彼乃可以任所欲為乎？思此，不禁啞然」。

時各方謠諑沸騰，廖夫人何香凝，特親至第五軍撫慰。並以觀察究竟。既畢，乃認第五軍之損失，實較第十九路軍為大，乃亟稱第五軍勇於抗戰，外間謠言為不確云。張治中已告於公，公曰：「我有事實證明，自不憂無稽之言也」。越日，何與蔣光鼐、陳銘樞來見，亦言謠言無根據，惟不便為公辯白。公笑謝之。

我軍雖暫撤，倭雖宣言停戰，公仍積極規劃第二期抵抗作戰方案，於三月十日完成。十一日，顧維鈞來見，談對倭問題，略謂「倭人貪詐，其心雖不可測，但國聯已決議通知雙方停戰，且已派調查團來華。美國方面，亦已加入制裁。此國際之善意也，不可孤負。至日本，既於三日宣布停戰，近白川與日領事，連日與各國代表，會商停戰辦法，亦是事實。如日本已誠表示和平，而我則否，於國際似有不宜。說我已有長期抵抗之準備，則彼以誠，我亦以誠。若彼不誠，我亦虛與委蛇之可也」云云。公曰：

「我人早已決定對日方針。抱不屈精神，以公理與之抗爭，如得真正公平之和平，則東亞之幸福也。否則，不得不為正當之防衛。但決不釁自我開，以保持我國民族文明和平之歷史，同時亦決不肯屈服，以遺我堂堂中國之羞，至於個人之毀譽是非，雖一時混淆，久必明白，何必顧哉！」

顧氏大為嘆服。既退，公自勉謂「吾對於準備第二期作戰，及持久抗戰之計，仍不可稍懈也」。初，計畫撤退軍隊時，夫人流涕語公曰：「上海我軍撤退，反動派造謠更甚，軍民恐亦將歸怨於夫子，為國家，為夫子，吾何生為」。淒然不止。公太息曰：

「夫人愛國以愛余，誠可令我感泣。即其他責難之切毀謗之深，亦皆由其屬望之殷而來。雖多胸無理解，惑於迷謠之輩，但其心亦純為愛國也，余亦何可怪之哉」？

一日，獨上湯山之巔，望大江而言之曰：

「振衣千仞崗，濯足萬里流，此其志之高也。海闊任魚躍，天空從鳥飛，此其量之大也。志高而量大，自不至聞譽而蕩神，聞毀而喪精，余奈何以悠悠之怨謗，而損及我之精神乎」？

詩曰：「駕言出遊，以寫我憂」，其此之謂乎？

淞滬戰爭既停，聞上海使領方面所組織之國際調查團，將來我防區調查視察，公亟致電總指揮蔣光鼐，告以如該團到達，向我官兵有所諮詢時，應本我方原訂三點答復：

一、 我軍奉中央之命令，以為正當自衛而戰。

二、 我軍決心擁護非戰公約、九國條約及國際聯盟約與其決議案之實行。

三、 各友邦調停，至為感謝，但須立在平等原則上，如日方再提無理條件，或仍以暴力脅迫，斷不承認，誓與抵抗到底。

外交一時無何進步。及三月十八日，公就任國民政府軍事委員會委員長後，交涉始漸就範。

五月五日，上海停戰協定簽字。關係各國組織共同委員會，以美領事克銀漢為委員長。美特拉司特爾，英白利南、桑希爾，法馬克、佛來鐵尼，意羅史法替尼，中國俞鴻鈞、黃強，日本村井倉松、原田雄為委員，監察日本撤兵。我方實行接管。協定全文，於簽字後即公布。全文內容，依照國聯決議而定。我方所堅持日軍撤退，不得附帶政治性質之條件一點，完全辦到。日軍自四日起，依照協定，開始撤退，我軍開始接收地方。一二八事變，至此始告一段落。

日本對於淞滬戰事之不欲延長擴大，公於英使始進行調解時，即已見及。及就任軍事委員會委員長後，赴杭州，寓澄廬，與蔣鼎文、衛立煌等各將領會議，則有更明切之指示。曰：

「倭寇狡詭，此次和議，余因料其必能如我所持原則，得以解決。但我方必布置妥善，足以應變，又實力充足，則外交之勝利，更有把握也」。此外論及和議時，特引宋高宗事為說。略謂「安定反側，平息紛難，尤為至要。昔高宗欲與金議和，先自削弱實力，甚至冤殺岳武穆，而使韓世忠諸大將，置之閒散無用之地，此其和議之所以敗績也，吾人當引為殷鑑。余既仍任統帥，一切由余負責，爾輩安心秘密布置可也。」具見公謀國之深心。其後協定簽字，通電報告各將領，最後有曰：

「……惟中日之根本問題，全在東北土地之得失，主權之存亡，故我政府仍本向來一貫之方針，以交涉與抵抗並行，其得最後之解決」。

其對侵略者，決不為苟安姑息之計，又可知之。

重視偵探隊

公於淞滬戰事中，規畫應戰策略外，又擬訂偵探隊之組織訓練指揮運用等方法，曰：

「禦外必先充實內部，而內部之充實，當先辦偵探隊，夫消滅內部叛亂，制裁一切反動，監督黨員腐化，宣傳領袖主張，溝通民眾情意，強制社會執行。書所謂明四目達四聰，孔子所謂唯深也故能通天下之志。唯幾也，故能成天下之務。唯神也，故不疾而速，不行而至。此即偵探隊之功效也。故於於偵探隊之組織訓練等方法，當詳為訂定之」。

公之特別重視偵探隊自此始。夫偵探者，揭發陰私，窺察秘密，乃其本務。可為賢者之腹心，亦可為不賢者之爪牙。故其訓練，尤不可緩。

看日本侵略中國計畫之感想

看日本侵略中國計畫，公曰：「余今益覺本身知識之淺。倭雖小國，其蓄毒已久，我安可忽乎」？及終卷，擬撰一文跋之，先漫誌於卷端如下：

「倭人之侵略野心，當必有自悔自憾之一日。司馬光有言，譬如乳狗搏人，人得而制之。今之能制倭者誰乎？如能制倭，不但東亞之和平可保，且亦可減去世界戰禍之導火線，惜乎目前各國政治家，未能有此認識，余雖不敏，願力制此狂噬之乳狗也」。

又看田中奏章竟，歎曰：「謀國而不講施仁行德，專以詐力侵略，其為謀亦太不忠矣」。足以代表中國王道和平之精神。

德量

公曰：「知人之奸詐誣衊而不說出，是為最難之事，是亦為最要之道。非若此不足以表見德量之有容也」。

二十一年之出任軍事委員會委員長

當三月二日，二中全會閉幕，發表宣言。公以會議結果，尚稱圓滿，苟得國際與日本，因而少有覺悟，東亞之得暫時和平，亦為世界和平之幸福。乃力以計畫國防之實施自勉。謂事機萬端，將從此發軔。然於全會議決，政治會議通過所任命之國民政府軍事委員會委員長職，具呈辭之，未即就職。呈文中有「叢詬集謗之身，不可以寄軍令之重」之語。蓋公自二十年十二月辭職後，至此未任何職，而國中猶有醞釀倒蔣之舉。故公曾有「披髮入山、乘桴浮海」之痛語，叢詬云云，蓋亦有激而發也。是為三月七日。至十一日，得中央執行委員會復電，曰：

「蔣委員介石勛鑒：接誦虞電，深佩謀國之忠，謙抑之誠。此次中央為重申長期自衛計，決心確定長期自衛之大策，召集第二次全體執行委員會，盱衡時局，博綜群言，認為非統一軍令，不足以專指揮；非信任執事，不足以振師旅；悉心討論，眾意僉同，因遂毅然付執事以重寄。在中央為國擇人，籌之甚熟。在執事見危毊命，義不容辭。大會並念必集中全國武力，於整個指揮之下，乃能捍禦外侮，特施行魚日宣言，誡勉全國將士：勿以據守地盤為念，勿以保全實力為計，徵調所及，剋期就道，效命疆場，宵小末技，行見其窮，志士奮身，在所不顧。務望為國為民，忍辱負重，取消辭意。本黨丁此民族國家之重任，誓以全力，赴此急難。濟則共存，不濟則共亡，他非所計，諸希諒察」。

公奉電感泣，不知所云。適宋哲元亦有電勸出仕艱鉅，乃先致電復之，略謂「出仕事小，軍國事大，苟利國家，一切不顧。惟目前趨勢，不能不慎重出之」云云。已而歎曰：

「古之隱逸肥遁者，以名位職權為厭，為獨善其身而已，則非余之所思忍為。然今日環境確有使余不能公然負責之勢。而在事實上，又使余不能不實行負責。本余之良心，行余之素志，為無名之英雄，固所願也，為眾毀之所歸，亦所甘也，惟求有益於國家民族可耳」。

後經詳商數回，乃於三月十八日就國民政府軍事委員會委員長職。前之力勸就職者，至既表示就職，則反形落漠。公謂「是余不能不就職矣，否則，黨國大事，尚可聞哉？余自信，余就職後，中國必有雪恥復興之望耳」。當時極不滿於汪兆銘之態度。曰：「與季新語，總覺無趣。嗟乎！以赤忱待人者，未有不為人所欺也。欺於個人尚可，惟願其不欺我黨國民族耳」。及就職後，考慮時勢又曰：「外交尚無進步，以日本故意延宕，以待我國內之變亂也。我人之對策，祗有團結內部，動以精誠，使離者合，叛者服，猜疑者覺，以期一致對外。然此責任，季新非所能負，則余安可不獨肩其重。因知孟子所謂舍我其誰，蓋亦傷心語也」。可知反覆小人，公固早已不望其有助，但冀能無害而已。

及公宣誓就職，全國歡騰，國際聞之大喜，日本聞之大驚。而和議卒如我所堅持者達成焉。

論尹奉吉事

聞日使重光奎，日總領事村井倉松及軍官白川、植田、野村等，天長節在上海虹口公園閱兵，為炸彈所傷，其兇手乃韓人尹奉吉、安昌浩等。公歎曰：「昔者司馬子長有言：『怨毒之於人甚矣哉，而國家之怨讎，古人尤謂為不共戴天』，窮兵黷武，好行侵略者，不知亦有所悟否」？

注意統計制度

二十一年五月間，聽朱祖晦講統計制度。公曰：「各國統計，以日本統計局與資源局及其設計此二局之委員會，制度之周密，為各國冠。甚矣，日本於此獨能得立國之要也！吾人若不急起力追，何能立國？復何能與彼抗衡？世界無論何國未有不視其人口生命與糧食，以及一切需要之統計，以為立國之本者，吾民乃尚不知注意及此，余必當有以振起之」。

闡發致良知學說確定行的哲學思想

在軍校講致良知。公曰：

「總理說：凡不是物質的東西，統統叫精神。從古至今，沒有人能下精神的定義，像總理這樣確切的。所以我們承認宇宙除了物質之外，還有一個精神的東西存在。承認精神的存在，便承認心意的存在，有心意，便有良知，不過有良知，是要能致的。致就是行，纔不會做一個空疏的唯心論者，同時也不會做一個機械的唯物論者。所以我們對於哲學的態度，不能只承認唯物論者，古今來宇宙之間，只有一個行字，纔能創造一切，所以我們的哲學，確認知難行易為唯一的人生哲學。簡言之，唯認行的哲學，為唯一的人生哲學」。

又曰：

「我們如果僅是講良知而不講致，那就像宋儒一樣，不免落於空虛。陽明所以要在良知上加一個致字，就是要各人從良知到事物上切實體驗。所以致就是行，致良知就是可以打破行難的錯誤觀念。這就是大學的道理，也就是總理知難行易的道理」。

並說明總理反對知行合一的哲學，最重要之點，是陽明時代與現在時代完全不同之故。此外又有極深切之指示。曰：「在心與物微妙的關係中，我承認一切的一切，都要從事實上客觀上來決定」。

又曰：

「一個人有心意，就有活動，而這個活動必須要是向上的為他的，從這向上的為他的活動，造成一種事業，就完成了一個人」。

於演講中又極言哲學基礎之要。謂「我們不怕革命失敗，也不怕環境險惡，只怕自己把握不住，凡把握不住的人，就是沒有哲學基礎做思想和信仰的中心的緣故」。案公整個行的哲學之思想，實確定於是時。

東京爆炸事件之推測與我國對日外交之標準

聞日內閣首相犬養毅被炸斃，內閣總辭職，東京大為震動之訊。公歎曰：

「此倭軍閥之橫暴，其內政一大變動也。夫日本國民之知識與憲政，較為已上軌道，決不容軍閥有法西斯黨之出現。但其橫暴猖狂之勢，必更加厲。我中國對於國防，應提前趕成。唯恐時間之不及，奈何」！

又曰：

「我國對日外交，不能放棄東三省。無論如何，必當堅持此以為標準。至於時日之遲早，則有利害之趨勢。因勢利導，以期必成可也」。

觀此，可知中國抗戰之役，乃為不可免之事，而收回東三省，自為我對日外交一貫之政策，此為國人所當深切了解，因時乘勢，努力不懈以求達成之者也。

論日本武士道

公論日本武士道，謂僅是中國儒道的殘餘。即於陽明「致良知」「知行合一」的哲學，亦僅得其片段。儒道是王道的民族精神，日本祗是霸道的民族精神。嘗軍校紀念週講演時，闡說極詳。曰：

「今天所講的話，並不是說我們要學日本武士道，來復興中國。但是我們要立國，要抵抗敵人，不僅在乎槍砲軍械，要比敵人一樣精良，而且必先要徹底明瞭敵人的立國精神的所在，要攻到敵人的心坎裡去。所謂知已知彼，百戰百勝，就是這個道理。總理常常引用「攻心為上」一句話的意思，也就是這個道理」。

此為稱述日本以武士道為立國精神以後之結論，亦即為警覺之提示。以下就我國之民族精神，與日本之武士道相比較，告以武士道之流弊為侵略，我國之民族精神則不然。曰：

「我相信中國人若是拿幾千年遺留下來固有的民族道德，而再以總理知難行易的哲學來融會貫通為一種新的民族精神，那末中國不但不會做侵略的民族，而且一定是一個世界上保障和平的國家，同時也至少可以保障我們國家民族，不會被人家侵略。至於日本怎麼會成功一個侵略民族，因為日本沒有我們中國固有的國民性，他僅在智仁勇的勇字方面努力。而中國儒教整個的精神道德，所謂信義和平的要素，完全不懂，他以他只知道勇，而且只知道血氣之勇，而不知道義禮之勇。所以他雖學得了陽明動的哲學一片段，而其結果，充其量還是亂動盲動，陷入了一個動的大毛病，所以他就成了一個侵略的民族了」。

以下痛切言之。曰：

「我相信，日本現在侵略民族的程度，已經到了極點。他沒有仁字輔助這個勇字，他國家民族，一定是不能存在的」。

於是乃引以自戒。曰：

「所以我們要保持民族精神，一定要將這智仁勇整個的民族性，完全具備，國家民族纔可以永立於世界上而沒有危險」。

公承總理之志，以世界大同為心，親仁善鄰，自其本懷，每言及日本之橫暴，輒深為其國之前途危。今其侵略程度，已日趨沒落，同盟國愛好和平，雖可不蹈滅亡之慘，其失敗已無可疑。日人如自反，亦應有所覺悟矣。

國防之基礎

考慮國防。公曰：

「今日之國防，應以教育與經濟為基礎。而教育之基礎，則在小學，尤以組織童子軍為中心。應速辦童子軍教導隊，施以愛國服從紀律秩序為方針之教育。至經濟之基礎，則在職業團體。凡農工實業各團體，應從速研究而組織之，切實奬勵而培植之，以期其生產之增加。尤有一端，幣制不統一，對於國防，最為危險，余籌思既熟，努力實行而已」。

以上所考慮者，均為根本之計。幣制於二年後遂統一，及西安事變時，舉國皇然，而金融未受波動，國人已知統一幣制之效，至抗戰以來，則其利益為國中所共見矣。

限制征用商船

公為政無不便商利民為主，以擾民為戒。聞征發商船，多有失之濫者，特致電軍政部陳次長儀，令轉告交通兵團等切戒之。曰：

「以後征發華輪運兵，須十分節省。非萬不得已，不得浪征。如此次共征船十餘艘，試問一時所用者，是否如此之多？而商力疲弱，損失實不堪言，且外輪因之更獲厚利。此種弊端，由來已久。蓋不由主管者切實注意整頓，則亡國之罪，實由我輩負之。而使部下勒索剝削之罪惡，亦由我輩縱之。應切實告誡交通兵團及交通司長，以後再有此等無計畫無時間無限制而一味濫征商民財物者，必照貪汙條例嚴辦忽貸」！

案此事其間雖有營私舞弊者，而因商人之巧於規避，恐臨時不能征集，乃不得不一時徵足，自亦為辦交通運輸者不得已之苦衷。公之此電，固為仁者之用心，而根本之圖，則在於平時之統制得法。吾知抗戰而後，此種現象，必可減少，以戰時已曾受統制之訓練矣。

致函大公報闢謠

二十一年七月間，外傳公別有法西斯蒂團體之組織。天津大公報特電公以詢真相，公即復函該報負責人胡政之、張季鸞。略謂：

「中國革命的組織和方式，祗有以中國國民黨孫總理所定之固有組織和方式，方能完成中國國民革命的使命。今日中國革命之所以失敗者，即背叛孫總理之反革命分子破壞中國國民黨固有之組織與方式所致。如又欲仿效意大利之所謂法西斯蒂之組織，來強行之於中國，是何異共產黨欲以中國為共產化」。

並隨附一短文，令公布於報端，告以本人於中國國民黨當生死以之，國民黨之組織與方式，祗有一個。且鄭重言之曰：

「如有其他的組織，中正不惟不能贊同，而且絕對反對。中正今日唯一之志願，乃在復興中國十三年時之革命精神，與其獨一無二國民革命之組織和方式，而以實現三民主義自任也」。

於是群疑始息。

諾桑會議與德國

聞諾桑會議之結果，美國放棄德債權，法國變更對德政策，公頗為德國欣慰。此為一九三二年事。以日本之好侵略，則為其民憂，聞德國之獲解放，則為其國喜，要皆仁人之所用心也。固不因其時移事異而不記。

與蕭一山論治道

蕭一山言：「中國治道，向以黃老與刑名並重，而折中於孔子中庸之教。然孔子之教，兼帶乎禮，又不能成為純粹宗教。治國工具，以宗教、禮教、法律三者並用。今中國宗教，完全失效，而法律亦自曹魏而敗壞，趙宋以來，禮教又為佛教所敗，宋儒且偏重於佛學。衍至今日，孔教破產，所以思想複雜，法度不立，禮教失效」云云。公曰：「蕭君所見，在於法度與思想之大處，是可佩也」。

與徐青甫胡汝麟談經濟財政

與徐青甫胡汝麟談經濟財政，公稱徐對經濟見解老練。胡言關於國家財政制度，以統一稅收，比例分配為主，即統收分解之法也。又用單一預算制，以及確定各級政分之收入，且以經濟單位，而定政治區域云云，公謂其所見有獨到。並以得與徐等詳談，引以為快。可見公禮賢下士之概。

令改正民團組織以為實行徵兵制之過渡辦法

二十一年八月，公考慮豫鄂皖三省政治改進要點，乃致電劉峙、夏斗寅、吳忠信三主席，令改正所屬民團組織，革除腐化與壟斷積弊，並規畫辦理師管區及團管區，以作實行徵兵制度之過渡辦法。電曰：

「查現在組織民團最大目的，厥有二端。一、即充實民眾自衛之力量，使能協助軍隊，消滅各地之匪氛。一、在普遍民眾軍事訓練，以作徵兵制度未能實施以前之過渡辦法，藉備國家對外緩急之用。故將來民團之成績如何，不僅為安內大計所關，實即攘外禦侮基本武力所挈。涵義之重，使命之鉅，決非如向日民團，徒以保衛一鄉一邑為職責者，所以同年而語。況舊時團制，寖漸變易，或則流於腐化，虛有其表。或則為人壟斷，假以横行。流弊之大，不可勝言。故茲後辦理民團，非有嚴密之組織，澈底之改革，不能完成其應負之使命。是以各省各縣政府，對於所屬各地民團，不當徒講形式，祇圖敷衍，必當認明職責，嚴整運用。舉近代徵兵制度之精神，深注於民團組織之中，剋期造成師管區與團管區之規模，俾得如徵兵制度下之退伍軍人，悉在國家地方管理掌握之內，若身之使臂、臂之使指，極系統整齊樞紐靈活之妙用，庶幾一旦有事，處則足以守望相助，遏滅匪亂，出則足以荷戈赴難，捍禦寇仇，亦必如是，乃克盡保衛地方之能事，乃克應付內外交迫之環境，以爭黨國永久之生存。此則各省上下當局，均應深切認識，相與臥薪嘗膽，一致以赴者也。獨是比年各省當局，每欲奉令舉辦之事，輒顰首蹙額，歎為經濟竭蹶，財力不勝，馴至百廢莫舉。須知處此國步艱屯之日，雖千瘡百孔，吾倚負有國家地方重責之人，終須艱苦奮鬥、黽勉將事，以突破危難艱險之重圍。夫以多錢而成小事，痛者亦所優為，當窘境而致大功，斯見健者能力。昔曾胡在滿清咸同時代，各以書生，辦理鄉團，其財用支絀，較諸今日各省，相去奚啻萬萬，然卒能蔚成大軍，摧滅洪楊，吾人在民國十五年前，練兵廣東，跼促一隅，處境困窮，亦復倍蓰今日，亦終得造成勁旅，完成北伐。足證事功廢興，固不專恃金錢，要賴主持之人，有無熱誠毅力，貫注其間。如果在上者淬礪刻苦，躬作表率，綜覈名實，黜陟嚴明，則所屬人員，未有不忠勇奮迅，風從於下。任何經費物質之困難，胥足以打破而有餘。此古人所謂精誠所至，金石為開者是。如謂區區財難，即足阻礙吾人之邁進，詎能再居於革命同志之林？總之，今日民團實質之革新，實為救國救己重大之工作。所望兄等領導所屬，咸體此意，共同振奮。一面整理各地現有之民團，而嚴密其組織，革其腐化與壟斷之惡習。一面亟謀根本改造，集中訓練，分期退伍，以導厲行徵兵制度之先路，而畫定師管區與團管區以轄之。希即迅將各該省民團現在之實情，並研究整理及改造之具體方案，積極規畫進行辦法，具報候核。毋以事難而疏懈，毋以財困而因循。實事求是，計日程功，黨國安危，民族存亡，均深利賴。中亦將憑其效果，以資考績，幸各勉旃」！

此非獨一地一時之計，關於今日全國之抗戰及以後之兵制實甚大。

倭寇承認偽滿與中國統一

論對倭策略，公曰：

「彼倭寇一面以承認偽滿為脅制，一面以統一中國相誘說，其實倭寇一日不潰敗，則中國一日不能統一，彼視中國之真正統一，為其本身侵略政策之致命傷也。故余謂倭寇承認偽滿，於事實上無甚關係，惟我國內則萬不可不急謀統一。統一之後，專心建設，國力既充，民志集中，復何患彼小醜哉？余必實施保甲，促成地方自治，使人民為國家之細胞者，個個發生能力，不至被人破壞，則三民主義下四萬萬五千萬人，方能團結統一，是余之唯一責任也。余當盡余之責任以為之」。

此是根本之論，見之切，故能持之定，熟復此言，可悟公一向對日忍耐而不敢躁切之苦心。及吳晉函陳對日策略，公於復電中說明方針，亦以對內為亟。曰：

「卓見極是，當由羅文榦、顧維鈞分別進行，仍請兄繼續進行，勿使中斷為要。中正救國辦法，在安定中央政局，肅清長江匪患，融洽南北各方，使不再起內戰，本此方針努力，以應付嚴重時局，而待國際形勢之變化，願中國仁智之士共勉之」。

此實為公一貫之策略，故寧忍辱負重而不辭，而同志猶不諒其精誠，國人或誤以為妥協；沔水之詩曰：「嗟我兄弟，邦人諸友，莫肯念亂，誰無父母」！又曰：「民之訛言，寧莫之懲，我友敬矣，讒言其興」。其公當日之謂矣。

與顧維鈞談外交

顧維鈞來，與談外交，公曰：

「國聯調查團對倭之理想，去實際太遠，倭寇以脫離國聯，俾國聯無從干涉，然後與我直接交涉，乃可為所欲為，此其心尚懼國聯也。惜夫國聯不善用此機栝，東亞和平，其寧有望乎」？

又曰：

「倭國本身經濟困難，故急急欲求東北偽滿利益之實現。先使我忍耐與屈服，進而強制我取消抵貨，消滅義勇軍。此真夢想，亦多見其不自量耳」。

又曰：

「余以為中日交涉一日不決，則中國固一日不能安。而日寇亦一日不能定。否則，彼如定矣，我中國更不能安，故余決心與之長期周旋，以期最後勝利。愈長期，則勝利愈屬於我，此又余決不動搖之信心也」。

皆為知己知彼之論。先是，蔣作賓詢對日外交，公復電曰：

「外部轉來兩電均悉，本莊去，武藤來，新舊更替。如日本當局覺悟，有變更方針，藉此重謀中日親善之轉機，中國亦不妨與之逕開談判。請兄設法間接表示，倘日當確有誠意，中亦可出而負責辦理，以期消除東亞爭端，要之，希斟酌進行」。

則公對日策略，一方確主長期抗戰，一方亦渴望和平親善，日寇於今行將敗亡之日，試一追念其既往，吾知亦必當自咎其失策也。

聞日人將承認所謂滿洲國時之言論

偽滿之傀儡組織，本為日人陰謀造成，承認與不承認，於事實上實無足重視。而日人則於承認之先，故強調其說。內田一日在會議演說，對於所謂滿洲國，日本將正式承認云云，我駐日公使蔣作賓聞訊特往訪之，與之多方開說。內田答謂：

「中國對於東省交涉，多年不予解決。現日政府決定，不日實行承認，此乃既定方針，不能改變，縱因此引起糾紛，亦不負責」。

蔣氏退後，又迭向日本朝野諸人，痛陳利害，亦無效。未幾，荒木約談，蔣又以此進，荒木對此，措詞極為蠻橫。曰：

「承認滿洲國為既定方針，萬難更動，縱令惹起世界戰爭，日本變成焦土，亦所不惜。東洋事宜由東洋人解決，日本早具決心，東洋人決不使歐美人置喙。況歐美人決不為東洋人謀利益，倘中國仍利用歐美人以窘日本，殊非中國之福，或於中國不利。中日兩國以前外交方針，均有錯誤。日本對中國，向採利益主義，每不擇手段，援袁、援段、援張，祗求有利日本，此大錯誤也。中國對日本，向採便利主義。忽而親美，忽而親英，忽而聯俄，遠交近攻，以求抑制日本，致激怒日人，引起遼滬之變，此亦錯誤也。中日兩國欲求親善，宜痛改前非。日本已改革，抱定東亞主義，中國能與日本攜手，固屬甚願，否則，日本亦必單獨幹去」。

日人對華之野心，至此可謂畢露無遺。外部以張氏來電轉呈於公，閱畢後，笑曰：

「倭寇狂妄，不度德，不量力，余必率我中華健兒，與之長期周旋。期以十年，恢復東三省，解放朝鮮，收回台灣琉球，而使日人徹底覺悟，不敢再作亂也」。

今公率中華健兒與之周旋者已七年，東省日在積極規復中，韓國獨立政府已成立，收復台灣，亦已向世界正式表示。願言之成功，當不在遠，嗚呼！孰謂強權之終能戰勝公理耶？

經濟與教育

公嘗曰：「余之經濟原則，對外吸收其資本，以用於國內之生產事業。對內發展農村經濟，增加國內生產，防止租界操縱，保持國民自由。故農以土地農有為目的。對工則公平分配紅利，獎勵勞動保險，以增加生產為目的。對商則以保護私產，節制資本為目的。惟對外貿易，應由國家經營。對金融乃以分布於農村為方針。預期五年以內，使國家有餘之財力，盡向交通事業發展也。至於教育，應以職業實際教育為重。猶應注意農業。必使青年所學，皆為國家社會所用，是亦發展經濟之基石也」。

外交之策略——對李頓報告書之考慮

論外交，公曰：

「對外交策略，在現代外交家言之，以為名實應相反，對敵國更不應太露。然此乃爾詐我虞，不忠實之外交，其術在我國縱衡家蘇秦張儀故智之下。不過其所施用之狡詐伎倆，亦當加以認識耳」。

公意不以此種外交策略為然，而念辦理外交之困難，則引春秋時鄭子產為說。曰：

「世人皆言弱國無外交，此亦不盡然。昔者子產相鄭，鄭國方於齊楚兩大之間，而能不失自主之外交，誰謂弱國終無外交之可言哉」？

蓋時各國使領所組織之調查團，調查「一二八」事變已畢，公將憑其報告書以定應付之方，故連日考慮於外交之事。及後李頓報告書送達，應付方法既定，乃復言曰：

「李頓對於調查之主張，亦太畏怕倭寇矣。但報告書中前八章調查之本責任，尚屬公道。故余對此承認為有修正或保留之接受，而不拒絕。嗚呼！弱國於外交中圖自主自保之道，乃非此不可也。古稱鄭國慎於辭命，所以能應對鄰國，鮮有敗事者，余於是知子產之用心苦矣」。

蓋慨乎其言之。

考慮時局

初，公讀孟子至「師文王，大國五年，小國七年，必為政於天下矣」。乃奮然言曰：「修德之至，則道自我行，天下無敵，於余深有感也，誌之」！又讀至「今之欲王者，猶七年之病，求三年之艾也，苟不為畜，終身不得」。因太息曰：「畜者，培養準備之謂也。不畜而圖強，猶緣木而求魚也。我中華民國，而欲抵抗強寇，可不早為之畜乎」？越日，考慮時局，乃本此意而定處置之策。曰：

「粵、陝、魯各事，皆可使政局隨時動搖。余惟有照預定方針，而先整頓範圍所及之區而已。蓋劃定範圍，把握重心，而集中時間與精力以為之，是為科學辦事之方法，吾身體而篤行之可也」。

於是決定以整頓內部，弭止內戰為急，而後運用東北之義勇軍，使倭不能安處滿洲。並自勉謂國家大事，不可任情草率，必權衡輕重緩急而適宜處之。乃計慮此後立國之大計如下。曰：

「對於國家前途，惟有在合理穩健之下，逐漸推進而已。故目今祇可作相當自衛之防禦軍備而止，決不能以積極備戰為主要任務。姑先積極剿匪，以求社會之安定。發達農業，增加生產，先使民族得以自給獨立，然後再決參戰與否。是以不必急求軍備，可任民生主義上促進社會，以養成中國社會資本主義，乃是立國大計。否則如急急與倭寇逕爭軍備，以我中國工業之落後，農業之退化，上下人心之幼稚昏庸，人力財力物力皆不能一時集中。急求充實軍備，亦勢所不能，徒召倭寇妒嫉，適足以速亡而已。嗚呼！舉目當世，有幾人深思遠慮，可為之共謀拯救中國之良策者乎」？

而不躁者或以此種培養準備之計為紆緩，且從而詆諆之。詩曰：「驕人好好，勞人草草，蒼天蒼天，視彼驕人，矜此勞人」，不禁為公深慼矣。

手書九要點告湘中教育界

公巡視至湘，手書九要點，以告湘中教育界。一、教育須注重訓育。二、教育須注重民族固有精神。三、以整頓師風為整頓教育之基礎。四、教育須注重日常實際生活。五、教育須啟發學生自覺心，與確定其人生觀。六、救國教育要軍事化，即絕對重組織守紀律。七、教育須注重學生組織力及普通常識與作事之效率。八、救國教育要注重時間，勿使有一些荒廢。九、救國教育最要注意體格鍛鍊。各點一一加以說明，茲從略。

函勉張學良

公思救國之捷徑不可得，嘗致函以勉張學良。略曰：

「此時禦侮為國之道，應具有抵抗之精神，而不表抵抗之形式。如徒鳴抗爭，而實不能抗，反引倭寇急進。及使倭寇更進一步而來侵佔，我之實力不足，卒以不抵抗了之，不更可恥乎？夫倭進一步，我退一步，退後又毫無抵抗之精神，不知準備之計畫，空言誤事，虛名亡國，此不惟目前之物議可畏，即千秋萬歲之後，亦必不能為人所深諒也。要之，不宣言抵抗則已，如一宣言抵抗，則務求勝利。勝利之機栝，尤在於長期。長期抵抗，不僅在於軍備，而經濟之充實，民心之堅強，尤其要也。忍辱負重，生聚教訓，切實穩健，以圖報仇雪恥，此越王勾踐之成規，中正與兄共勉之」。

公於張氏，自民國十七年以後，實始終保全甚力，屬望甚深。夫在中國而有報國之地位者，莫如閻百川與張氏，故公於二者，俱輔翼之，不遺餘力。而張氏誤於宵小，躁切從事，致失其為國致力之機，韜晦荒陬，而不得躬與於此次抗戰之盛，余蓋不禁尤為之深惜焉。

不贊同法西斯蒂主義之又一證

有馬曉軍者，陳函於公，對於黨務有所建議，其說近於法西斯蒂主義，公大不以為然。曰：

「我黨唯總理之遺規是遵，彼法西斯蒂，何足道哉」？

已而歎曰：

「吾黨員之不幼稚則腐化，分子不健全，黨國少能力，此則確可痛心耳」。

又曰：

「組織之嚴密，應超於意國。紀律之森嚴，應過夫蘇俄。此為目前之所需要者，其言尚非過也」。

最後乃曰：「孔子有云：為政以德，譬如北辰居其所，而眾星拱之。余之救黨救國，惟以至誠發揮吾之德性而已，他非吾之所計也。王道之行仁，為我中國傳統之最高政策。霸道以暴力橫行，其最後必敗，何足道哉」？

公不贊同法西斯蒂主義，前函大公報已言之。觀此，則其所以不贊同之意益明。惟其手段，頗足以藥疲骫之習，故為其言尚非過耳。

日人侵熱之始及我方對日策略之決定

二十一年十二月，日人又向山海關秦皇島等處挑釁，熱河情勢緊迫，公考慮對策而決定之。曰：

「倭寇之侵熱，余早料定，今果不幸而言中矣。余又料定倭寇以後之行動，非至強迫我與彼直接解決東北問題終了之後，彼決不肯罷休。然彼之處心積慮，乃企圖亡我中華。世人無識，但求苟安，以為承認割讓，乃可了事，殊不知倭人絕無信義，斷無條約可恃，今日得滿洲，明日佔平津，得寸進尺，慾壑難填，彼之毒計，不惟不使中國內部有統一之日，而且必趁機打擊政府，傷殘領袖信用，使我堂堂中華永作彼之附庸而後止。余今剖視倭人心肝，瞭若觀火。決定對付方法，唯有犧牲一切，與之周旋。祇求保全本黨，維持政府，以救國救民而已。然非至最後，及確有把握，可以得到相當價值，且必可保存黨國之時，則不作無益之犧牲。故在今日謀國急務，外交固為重要，而內政不健全，則難言外交。欲內政健全，又非先鞏固基本地區，及強固基本軍隊不可。是故不到最後時期，決不放棄基本之謀，以顧其他。無論其為南為北，對內對外，總以剿長江流域之匪，整理勢力範圍內之政治，為余之工作中心，如至不得已時，亦必先肅清贛匪以後，乃得犧牲個人，以解決東北，此余深思熟慮，經千百回而決定之方針也。國人知我心否，我亦不暇計也」。

蓋自淞滬戰後，兵力懸殊之勢益可知，故公忍辱負重，乘機待時之計乃益定矣。是為十二月上旬也，及中旬，省察日本動向，又曰：

「倭寇攻熱，必不能免。恐不出三個月之內。甚或進佔河北，扶溥儀入關。或覓漢奸，作為傀儡，以偽造獨立之區。使我中國分塊離立，不得統一，而統屬於倭寇卵翼之下。其狂妄之慾，且得隴望蜀，非征服全國不休也。吾人於此，惟有為國犧牲，盡忠報黨，盡瘁保民，勿使生我之父母，教我之總理，有所玷辱。萬一留有此身，則一息尚存，亦惟竭力抵抗，鞏固中原極小之根據地，甚或被逼退至邊區一隅，亦必力圖鞏固，以為將來恢復之基。如天不相予，中道而殂，亦可使後人有立足復興之地。堂堂炎黃之胄，我信其必不滅亡也」。

後熱河於次年三月淪陷。以我方抗戰與交涉並行之故，未即為更進一步之侵略。然此僅為時間問題，且亦我方運用外交之效，而其事實之必不出公所料，至於今日，可不待言而明矣。

卷六

熱河失陷之始末

公料倭寇侵熱已久，曾一再令張學良派兵入熱。及聞猛撲榆關之報，乃又致電云：

「無論倭寇行動如何變化，我軍速入熱河計畫，萬不可稍有變更。只要能達成此任務，則為緩寇計，不妨相機應付。惟寇計極狡，如果有何條件，務須預商中央為要。至商震部調動，與接濟籌備，弟當負責，派往熱河各部現在行程如何？萬勿為此次榆關擾亂，而又使入熱各部緩進，以中倭狡計也」。

按時張已決定派張作相前往。二十二年一月四日，榆關失陷。初自十七年五月三日濟南慘案後，公每日必記雪恥一則。以人定勝天，立志養氣，立品修行三語自勉，未嘗間斷。至此乃因事直書對倭之語，無事，則書岳武穆滿江紅詞以儆。復仇雪恥之心，蓋無時或懈。

日人於得偽滿後，所以急急進攻者，公謂以懼第二次世界大戰將起，我乘機報復，故急欲強我屈服，以為與國共防蘇俄。而又懼蘇俄與我聯合，故強我屈服之意乃愈急。（去年十二月日向山海關秦皇島挑釁之時正中俄兩國進行復交之時十二月十二日兩國代表在日內瓦宣言正式復交公曾有友邦益多敵國惟一此後國事有可為矣之語）敵之所最懼者，即為我之最有利者也。敵之所欲急者，即我之所欲緩者也。對倭當於此中求得其關鍵。急致電張學良曰：

「弟之意軍分會與兄本人，應即遷保定或張家口，一方與各公使館交涉，聲明北平駐軍他移，以北平為文化區，不願與倭在此衝突，望各國互尊條約，以保持平津之和平。但此事應極慎重出之，必先向各公使運動成熟，並對前方各軍，說明利害，勿使動搖。否則，當此人心浮動之時，易致誤會而招崩潰，必大為中外所譏評也」。

蓋公預料榆關既失，倭且以真面目攻取平津。如一發動，則必先以張為的，故指示之如此。榆關被佔後，日方揚言此為地方事件，欲從事調停。而上海日本居留民之和平空氣尤濃，有擬派代表隨同吉田回國請願之說。其人民以樂業為懷，欲求和平，自出於誠意。而軍閥利在侵略，其欲以地方事件解決者，正欲規避國際耳目，以冀遂其侵略之願而已，和平其可望乎？故公曾不為之動，而準備北上與之一戰。既而，張學良電告，英代辦以我方對榆案近取積極態度，頗以事態擴大為慮，擬仿照滬案，由英美法意四國出任調人，從事調停云云。公致電復之，略曰：

「榆案非滬案可比，如榆案欲仿照滬案，由各國參加調停，則必須將東三省事在內，整個解決。而最要之點，為須由中央直接交涉，不可由地方自相談判。又如日方果表示和平誠意，則令其先自動退出榆關。否則，別無門徑也」。

電末並告以向熱河集中計畫，須積極進行，不可為此延緩云。

倭寇之宣言攻熱，為二十二年二月九日。公於榆關失陷後，一方迭電張學良指示，一方將向所決定之方針重新考慮。先思剿匪與對倭寇二者，略謂如專對倭寇，則恐如明末之匪亂，以致覆亡。或如蘇俄之克倫斯堪，及土耳其之青年黨，畫虎不成，騰笑於世。惟以常情言之，則今日之事，應以對倭為先也。又謂今日之形勢，不可以正式國際政府自視，而應以革命政府自期，當必有澄清宇宙之日。及一月下旬到贛後，統觀國內形勢，則覺非先剿匪而後抗日不可。連日記於雪恥欄者，多為發憤自勉之語。嘗謂當此內外夾攻，南北混亂，民眾又皆昏昧無知，焉可望人諒解？陸九淵之所謂不求名聲者，以今日之余處之，則不避毀謗之謂也。於此中當先站住腳跟，立定基礎，則以後必有復興之日。至二月一日，乃明確決定革命之立場。曰：

「今日國事，決非以眾人之意，所能決斷，惟有以民族與國家為前提，至於是非毀譽，則求之於心無愧而已。中國之統一，由我統兵北伐成之。為國家、為民族、為主義，我固不敢自居功，但革命之進退，惟其黨與其領袖，有決斷之權，亦應負成敗存亡之全責，非反革命與不參加革命者，所得橫議也。革命至此，惟有度德量力，急流勇退，整頓內部，鞏固根基，以為復興之本。東北失地，一日未復，一日不與倭言和，革命立場，如此而已」。

至九日，聞倭宣言攻熱以後，於剿匪抗日二者，又詳加考慮。曰：

「於此半年間，華北局勢嚴重，難保其能不失守，反動者必藉口以相攻擊。其攻擊也，必至體無完膚，吾當忍受此侮辱，卓立不動。以貫徹攘外必先安內，抗日必先清匪之主張，先鞏固革命基礎，整頓革命陣容，然後再與倭決戰耳」。

竊謂其後之抗戰尚不難，此時忍人之所不能忍實難。然亦未嘗因此而少懈其抵抗之準備。二月下旬，國聯通過其調查團所陳之報告書，不承認偽滿。公謂倭惱羞成怒，寇暴必更甚。吾人於此，固為中國革命前途憂，乃亦更為東亞全局與倭之本身慮，如吾人果能善運其時機，實為一轉禍為福之基。始於一月杪，倭寇勢日急，北方將領馮治安、張自忠、劉汝明三師長，告蔣委員伯誠，有非公北上前途不堪設想之語，言時聲淚俱下。宋哲元、商震、龐炳勳等，亦同此意。蔣氏電告於公，公復電謂待南方布置後，必北上與共生死。尤以各將領之精神可嘉，謂吾與倭將於此戰而決精神與物質之勝負。後得蔣公使作賓電，略謂日本元老西園寺派其代表來聯絡，稱日本內閣將有變動，政權不復操於少壯軍人之手，以期與我接近云云，公閱後，謂侵略為倭之傳統政策，未受大打擊，決不能變更，但其手段，或能緩和，不急攻熱河，或有可能，然何足置信乎？故於赴贛艦中亟亟草擬華北作戰計畫，並擬於赴贛布置後定期北上。剿匪軍事，自公到贛後，鄂、贛、皖、豫各路，均有進展，於是相機抽調部隊，令劉峙負責指揮隴海路軍事，抗日之計，亦已增進。至此公乃又考慮行止，曰：

「倭寇佔領熱河後，其必以直接交涉為言，強吾國屈服其條件。第二步則不惟進攻華北，且必封鎖長江與沿海各口岸，強制降服，其問題惟在時間之早晚。如能有三個月之餘暇，則我方軍備，較為寬裕。因此余之北上，亦以稍緩為宜」。

及從事密備軍事，而於外交則仍以從容出之。繼又考慮北上計畫，決定三點，曰：「迨余北上時期，第一、為支持現在戰局。第二、為收拾敗後殘局。第三、為統率華北新起之戰局」。

三月四日，熱河淪於敵手。公聞敵係由叨爾頓襲入承德，乃曰：「觀倭寇攻熱之配備，真同兒戲，前敵如稍有布置，直可使其殲滅無遺。此種失地，誠不能為天下後世所諒也」。為之太息不已。越日，遂北上。

北上途中，過鄭州時，公發表對記者談話，謂「熱河失守，東北淪陷，願負全責，失地一日不復，抗日之責任，一日不敢放棄」。退而自警曰：「雪恥之志，其可或忘乎？此恥不雪，其將何以對國人耶」？其銜恨深矣。九日，到保定，與張學良相見，力勸張辭職離平。張尚猶豫，並以處置後事相問，公掬誠略告之。別後自念云：「此時情形，故使余心難堪，而後之事，又不能直說，更覺難過。然處此公私得失成敗關頭，非斷然決策不可。利害相權，為有重公輕私，無愧於心而已」。張學良自是遂辭職。張既去職，其部隊由公為之指揮節制，各機關皆一仍舊貫，未稍更張，則於公私亦可謂俱無遺憾矣。十二日，至石家莊，閻錫山來訪，公與之談話，表示對倭決心。謂「宜先規定陣線，區分部隊，構築強固工事，再察敵情，以定處置。至此限度，如其強迫進犯，則進我之力抗拒之。及至力盡，惟有決心犧牲，不敢自棄其志」。閻頷之。而臨別則以謀國不可玉碎為言，公亦頷之。

公於北方將領愛國之精神前已稱之。宋哲元指揮古北口、喜峰口二役，戰事均甚激烈。第二十五師傷亡達四五千人，師長關麟徵受重傷，公深念之。當主力移至喜峰口時，曾有電致宋氏，謂「古北口既不能守，則喜峰口不宜過於突出，望兄堅守口門，相機處置為要」。宋卒親率所部奮勇激戰，至六七日之久，倭寇乃不支而退。公得報喜曰：「是亦卒以挫寇鋒而張我軍之聲譽矣」。亟致電獎勉之。守古北口南大門者為第二師，與倭激戰六晝夜，陣地屹然未動，卒將強寇擊退，公念其戰績，於事後特又另電軍長徐庭瑤，師長黃杰，副師長惠濟嘉獎。後倭寇加添大砲三十餘門，準備續攻。公謂「期迫矣，剋為緩衝地帶。如此，則自古北至榆關，皆為倭寇鐵蹄橫行之區，明知其最後必陷落，然非我所忍自放棄一步也」，不勝慨然。

當戰事危急時，論對倭策略，陳景韓言：「對倭寇，對國民，對國聯，三者皆須顧到。一切處置，當以此為準，勿使衝突」。蔣作賓言：「世界戰爭遲緩一日，則中國多得一日準備」。公曰：「二君之言皆中理，此時如能緩和，則必使緩和為有益也」。此雖為至計確論，然將士苦戰，強寇壓境，默運之乃有濟，明言之乃僨事耳。初，熱河淪陷之八日，中央黨部開常務會議，于右任、孫科、戴傳賢、居正、林森五委員提議，由中央及外部各發宣言，表明抵抗到底決心。改全國軍隊為國防軍，以公為國防軍總司令。並擬發行公債，以資國用。經決議以此案提交國防會討論云云。公得電後，致電復之，略曰：

「銑日提案甚好，惟恐發表太早。以弱國應戰，須重在實行而不在聲言。非其時而言，則言不能行。非其時而行，則行不能成。中意此案既經決議，則可交國防會議，以軍事準備程度為標準，予以全權，令其隨時相機實施，不加限制，則可責其成效，請與各同志協商之，何如？」

電中弱國數語，固為至理名言。而提交國防會議，以軍事準備程度為標準，則明其不可即行。而又請予以全權，責其成效，則更明其當在必行，其應付處置之際，可謂難矣。於是詳論對倭及處理國事之方，曰：

「倭寇政治已越出軌範，經濟亦瀕破產，文法已破，僅恃武器，不足懼矣。今對倭一面交涉之方針已失效，惟有抵抗而已。與其坐而待亡，不如抵抗而亡，尚留中華民族之光榮歷史也。況抵抗決無滅亡之理，且惟有抵抗為圖存之道，而抵抗之方式，則須研究耳。如果局部抵抗，或各個抵抗，則適足中敵人各個擊破之計，決無倖存之理。須知今之鬥爭，乃爭全國經濟教育、交通、外交、內政全部政治之戰爭，所謂全國總動員也。而軍事之戰鬥，不過其中之小部分耳。故今日欲言抵抗到底，則非舉全國國民之心力，彙集於一點，又統一全國之內政兵力，聽命於中央，不能有效，欲集中全國之心力，首應集中全國之人才，以政治公之於民，使全國國民，共同負責，以赴國難。故當提早宣布憲法，召集國民大會，以解決國事。然欲統一全國之政治，則非先破除往昔割據封建之習慣不可。更非喚起民眾共同政治不可。一在思維，今日圖存之道無他，對日祗有抵抗到底，對內祗有開放政治，以政治奉還於民，由此完成國民革命，實現三民主義之大業而已」。

此實為對倭根本之計，自是以後，公即一本此旨以行事，迄二十六年抗戰軍興，卒以數年之努力，乃先與之周旋。加以抗戰建國，同時並進，故能越戰越強。洎乎今，勝利在望，國人固漸知公忍辱負重之苦心，即異黨亦翕然奉為國內唯一之領袖，是豈偶然哉？

案抗日須長期作戰，此為公數年以來之一貫政策，而此次戰事發生之後，漸於我軍損失之大，補充之難，益覺此時欲圖持久，為必不可能之事，故戰事雖激烈進行，外交亦始終未嘗間斷。當五月間，倭寇利用張敬堯、白堅武搗亂平津，何應欽電公，略謂：

「事至今日，戰與和必須決策。言和，則當善於運用，使華北新興之局面，切實有利於中央。言戰，則須顧慮軍隊之餉糈，及社會之基礎，應竭全能之財力，以坐孤注之一擲。若舉棋未定，敵攻擊則無苦戰之難能，敵稍休則恐轉圜之失策，徘徊貽誤，一旦平津既失，大軍後撤，財政枯竭，兵怨民困，外援不至，將何以善其後？」

公復電請其論和戰前途剖析甚詳。告以中央已屬望黃郛辦理交涉，第能否生效，當視各方動作，能否應往合拍為斷。中述處理之方有曰：

「我國今日所處之苦境，無論為真面目之戰，或大開闔之和，均非一時所可能。目前要著，為避免牽動全局，而徐圖收拾計，祗有切實設法，先緩和華北之局勢耳」。

黃郛為北平政務委員長，何為軍分會代委員長，由是協力進行，實行其權責。至月杪乃成立塘沽協定焉。

公雖主緩和，於軍事方面，實仍艱苦力持未嘗少懈。五月間，聞古北口新門嶺我軍死傷之大，不禁為之魂驚魄悸，然念既與之抗，何能以犧牲而遽萌退志，故於巡電第廿五、第四十四、第八十三各師致勉外，特詳電何代委員長指示。曰：

「接劍外（王綸）兄元辰電，觀察事勢，倭寇必欲佔領華北，且非消滅中央軍不已，或擬授意將領，相機撤軍移住，此斷不可。以此種國際戰爭，不但足以暴露中國人之弱點，且弄巧成拙，將至不可收拾，吾人固正在多方進行和緩辦法，惟皆不易生效。且時間急迫，亦斷不許我方從容另謀緩衝退兵之計。此時只有照原定最後辦法，上下一心，在北平預定陣地，為背城借一之舉，此外決無其他生路。況中央既運到華北之部隊，亦決無令其退還南方之理。萬望我將士，抱死戰之決心，絕其他之想念，則死中求生，當有最後一線之生機可覓。蓋惟我軍能腳步站住，示以決心，始可引起辛丑條約之列強，從中參預。亦惟其我能死守，倭寇鑒於外交複雜，如前年滬戰之例，或將知難而退也。務請以此意轉告我全體將士，共本不屈不撓之決死精神，併力撐持，勿稍存畏避之想，是為至要。」

先是審閱情報後，亦有電致黃膺白。略畏「倭寇得寸進尺，求近反遠，如無誠意保障，決不能輕易退讓。蓋入關內攻，乃其既定之方針，根本決不轉變。如此情形，我日望緩和，恐徒勞耳。證以此次搜獲張敬堯之秘密文件，倭寇之再來壓迫，實欲使漢奸得機暴動，造成華北新政權，並非僅欲驅我達相當距離而止也」。總之，與倭寇緩和，即成亦不過為一時之計，此公知之已審，籌之已熟。故警言曰：

「國人求人之心與求敵之心不除，則國必亡。夫對蠻橫之倭寇，復可望其於我有利之事乎。此時除自強盡心之外，無他道也。」

蓋對日觀察之深，懷憤之切，舉國實莫如公者，惟為國力不得不暫時隱忍耳。竊於抗戰之後，追論當日「五三」「九一八」「一二八」及此諸役，以為不幸而國人不知，使公不能不忍辱於一時，亦幸而日人不察，使公終得從容以遂其志於後日，識者當不以余此語為過也。

其長期作戰之意，於四月中旬軍事整理會議席上，表示最為明白，曰：

「我們現在對於日本，只有一個法子，就是作長期不斷的抵抗。他把我們第一線部隊打敗之後，我們再有第二線的部隊去補充。把我第一線陣地突破以後，我們還有第二陣地來抵抗。這樣一步復一步的兵力，一線復一線的陣地，不斷地步步抵抗，時時不懈，越能持久，越是有利。若是能抵抗得一年二年，我預料國際上總有新的發展，敵人自己國內，也一定將有新的變化。這樣，我們的國家和民族，才有死中求生的一線希望。我們抗日戰略，既屬長期抵抗，無論是要預備補充第一線作戰，或是補充第二線第三線的作戰，我們都要有相當的部隊，由後方漸漸向前方推進增補，隨時準備參加最前線作戰。」

故我國抗戰之計畫，不啻確定於是時。二十六年七七以後，不過遂步實行此預定之計畫而已。

其關於塘沽協定之經過另著之。

塘沽協定之經過情形

熱河淪陷後，華北形勢，五月中旬之末，最為危急。時一方進行交涉，一方為北平守城之準備。嘗於一日中三電何代委員長應欽指示。其一、告以倭攻北平時我方之處置。應通知各國使館遷移，並聲明各國在平損失，應由日本負責，一面即將倭使館佔領之。又二電，均指示對倭之應付。其第二電曰：

「特急，密，如倭方要求在前線有所協商，則萬不可行，寧令平津陷落，切勿喪失我國家與軍隊之人格！只要無片紙隻字落於敵手，則在後方運用接洽，期圖緩和一時，不妨盡心力而為之。如一入敵軍線內，則無有不被其強迫矣。千萬注意毋忽！」

第三電，告以黃郛已到平，一切須與妥商應付，且申述前意，謂第一線派遣軍使，最易提出文字之協定，尤盼審慎辦理云云。此致電亦可具見威武不屈之精神。

當時與日開始進行交涉，係由國防會議議決。其原則計二項：

甲、如敵人以強力迫我屈服，欲我承認偽組織及割讓東四省，我方必毅然拒絕。無論如何犧牲，均所不避。

乙、如敵人鑒於我方犧牲之決心，與列強之環視，願退出長城以北，要求我軍保留相當之距離，則我方鑒於內外種種之情形，暫時停戰，惟以不用文字規定為原則。

其正原則二項如右。並附議「若萬不得已，至多亦只參照去年淞滬協定辦法，祇限於軍事而不涉及政治範圍。並須留意協定中不可放棄東四省，或承認偽組織之類似文句」等語，交涉進行後，即一再以此旨為言。五月二十二日，據報，日陸軍省已密令停戰。次日倭寇遂有書面要求停戰之表示。初，五月十五日，武藤亦有停戰宣言，公不為動，而明日旋得華北危急之報，亦毅然不屈如故。惟電何代委員長囑轉告諸將士，依原定計畫，決心守城，而以運用全力，竭盡職責，不失應援時間自誓。並逕電徐庭瑤、蕭之楚、黃杰、關麟徵、劉汝明各將領，及總指揮宋哲元，主席于學忠，為北平天津防守之準備。又電隴海路錢宗澤，平漢路何競武，於二日內集中車輛在花園與鄭州各十五列候調，可見公備戰之決心。至此，倭寇要求何應欽正式派員洽商停戰，且要求書面畫定延慶、昌平等線以東，我軍不能前進，何氏以迫於事勢允之。公得報後，曰：

「余前戒以不使片紙隻字落倭手，今竟接受其要求矣，前途交涉必多艱！惟敢毅然承當此任，其心苦也。亦甚可嘉」。

於是即撰電稿復之。並自言曰：

「此事仍由余負責，勿使其為難。但仍嚴令其在平城積極備戰，以為最後之犧牲而已」。

並謂倭寇忽又要求停戰，是亦未始非見我軍決心守城所致也。自是連日致何黃電甚多，而二十七日致何一電，尤為懇切。曰：

「停戰協定不形諸於文字，此節最所企盼。如必不能避免，則於成文之內容，應參照國防會議所議之案，覘及中迭次復電妥為運用，審慎規定。萬一談判決裂，祗有不顧一切，併力死拚，尤應及早準備。內容複雜，前途困難，中豈不知！弟應盡吾人最後之努力，以完其職責，不得不然耳。一切成敗厲害，不必再計，吾人榮辱同體，斷不令兄獨任其難。艱危至此，全賴兄精心毅力以撐持，幸勿稍存消極。倘戰事再發，中自當北行，同生共死。或以為平津如有戰事，每月七百萬元不可靠，自屬固然。然猶能得各軍與世人之諒解。若放棄平津，則此款更何自出，中確信如我軍果能決守平城，則此項軍費，雖難全數籌得，然必可維持到底，此中可負責也。」

先聖有言「有武事者，必有文備。有文事者，必有武備」，自為不易之理。而通甘苦，共患難，恕以待人，忠以謀國，於此尤見公之苦心。公嘗告華北諸將領，謂「中正自信決不忝為諸將士之長上」，觀此益信。

時北方戰事，雖仍亟亟準備抵抗，然察內外情形，實有非暫行停戰不可之勢。會俞飛鵬來電，亦以此為言，公即以指示黃郛、黃紹雄、何應欽者略告之，而稱其來電所見之是。一方隨電上海市市長吳鐵城，令密傳此意向滬上人士申明，並加意防範企圖煽亂者。電中有曰：

「吾人對日，時而抗戰，時而緩和，純為國家之實際利害著想。能抵抗而不抵抗，及應緩和而不緩和，其禍國殃民之罪維鈞。」

詩之烝民曰：「人亦有言：柔則茹之，剛則吐之，維仲山甫，柔亦不茹，剛亦不吐」，試歷觀公之行事，其何多讓耶？

五月三十一日，我方代表熊斌、日代表岡村，在塘沽簽訂華北停戰協定，即世所謂塘沽協定也。初，進行停戰會議時，有人通電反對，列名者甚眾。後華北將領萬福麟、于學忠、宋哲元、商震等四十七人於五月三十日發電，通告國中，否認反對停戰會議通電，停戰協定終於次日成立。

華北停戰協定計五條如下：

一、中國軍即撤退延慶、昌平、高麗營、順義、通州、香河、寶坻、林亭口、寧河、蘆台所連之線以西以南地區，不再前進，又不為一切挑戰擾亂之舉動。

二、日本軍為確悉第一項實行之情形，可用飛機或其他方法視察，中國方面，應行保護，並予以便利。

三、日本軍確認中國已撤至第一項協定之線時，不超越該線續行追擊，且自動概還長城之線。

四、長城以南，第一項協定之線以北以東地域內之治安維持，由中國警察機關任之。

五、本協定簽字後，即發生效力。

公謂此曰事實並未有過，文字實有難堪，然既成約，則我不能不負責自任，勿使敬之更加為難耳。

六月一日，公為塘沽協定事，致電行政院解釋。曰：

「此次停戰協定，僅就目前日軍所提之覺書，稍加改訂，實與去歲淞滬協定，無甚差別。其中第一第二兩項，及第三項之前段，在協定發表之前，均早已實行。現祗待第三項末段日軍之撤退，雖兩軍隔離之間，特劃和平緩衝之地區，然為貫澈停戰之目的自所難免。綜核全文，尚不失為純粹之臨時軍事協定，並未涉及政治範圍，既經我方軍事代表與對方磋商完成，縱字句間略有不甚冠冕之處，惟有籲請中央，毅然核定，以免枝節橫生。敬之膺白純為緩和侵略，保存華北，稍舒喘息，以免崩潰起見，孤詣苦心，一時或不能盡邀世人之共諒，中央似不能諒其忠悃，特加鑒原，中正身為軍事最高之長官，既授權處置，尤願共受處分，獨負其責。區區之忱，請代陳中央，尚祈各位同志，一致諒察而主持之，大局幸甚。」

事後，公嘗自歎，謂此次停戰協定，實有當機立斷之必要。凡此苦心，雖獲中央各同志之曲諒，然於不禁感慨深之矣。旋又自解，謂我屈則國伸，我伸則國屈，忍辱負重，自強不息，但求於國有益於心無愧而已。

當時滬上各報，於此事亦多作平情之論。時報稱「華北停戰，與喘息之民，以來蘇之望，當局苦心，自足深諒。惟是依協定，我軍在本國領土，橫受限制，國稱獨立，情何以堪？且默察西南西北，未克有精誠團結之實，而關外沃土，更長受暴力控制，華北縱告苟安，國土詎忍恝置。瞻念前途，殷憂曷極」。新聞報則引甲午戰後英公使歐格納對總理衙門忠告之痛語，以為「苟不整頓海軍，整軍經武於腹地，集中事權，負起責任，則後之視今，將類今之視昔。中國兩字，真將成為地理的名詞矣。」皆於惋惜之中，寓警惕之意。惟中華日報曰：

「此次停戰，非我戰勝而謀交涉，乃為先保平津，暫謀蘇息，以圖後計。今民族危機，不僅在敵人進攻，致命之傷，厥為國內不能團結。是故欲求勝利之保障，毋寧先求諸己，使我能上下輯睦，則生聚教訓可也，破釜沉舟，亦無不可也。民族復興，視吾人最後之決心，初不在乎軍事之成敗也。」

此語最能得當時之實情，所見自較一般為透切。然在舉世疑信莫辨之時，鮮有不視其為政府作喉舌，而不與以重視，是故知言之難也。

何應欽於此事既畢，電陳於公，露倦勤意。公極意慰勉之，略謂「數月來華北危局，深賴扶持，停戰未幾，善後萬端，尚非吾人卸責之時」。並以安定華北整理軍隊之事相屬。謂「今後軍事政治，非急謀徹底之改革不可。如一味姑息苟安，釀成大患，更無法收拾。故吾人不可大下決心，而持毅力以濟之」。案此次華北戰爭，何氏確可謂不辭勞瘁，而公之屬望亦甚深，故何氏得公電後，乃不復言辭。

國防委員會

二十二年二月十七日國防委員會成立。初，會議時，眾推公主持此會，公自以從此更可負責為善。吾國設立國防會議，自此始。

注意儲才及戰時財政經濟設計

公主持國防委員會後，感國難之殷，覺儲才及戰時財政經濟設計之不容緩，乃致電陳果夫及林蔚錢昌照等。電陳令物色人才，略謂：

「儲才為今日之急務，最好在北平、南京、武漢、廣東各大學中遴選其校中教職員一二人或數人，請託其從中物色優秀之教授或學生，從事聯絡或培養，如此每校各系中只要有二三人至十人，切實考察其能力性質思想與品格，每年暑期前作一總算，介紹其來談，惟不必有組織之名。此事請與騮先兄切商辦法，具體進行。又各埠大報館主筆，亦應設法聯絡，物色人才。請與公展兄進行之。」

電林、錢令轉各方，曰：

「密，戰時財政，與經濟設計，諒已由國防設計會著手進行。對於糧食鹽油之準備，尤應注意。此時更須顧及沿江海各埠與各鐵路，為倭寇佔領，急應規定各地各自為戰之辦法。此固多賴於民方面民團與社會公團組織之得力，及催其迅即著手。而中央糧食機關，應即準備設立。一以管理全國糧食之價值與分配，一以指導各地糧食臨時處理辦法。又國防設計委員會應籌備全國產業統制機關，一以調查工業農業礦業商業的生產力數量，及生產方法。一以測定全國國民需要的總和，與國際貿易市場需要的指數，制定方案，交全國經濟委員會執行之。又全國經濟委員會根據全國產業統制機關之方案，以國家之力量，統制國內生產的適當分配交換辦法，及國際間有系統的國際貿易。以上意見，請分送有關各方，切實研究詳復為盼。」

此二電於其後政治建設之進步，與長期抗戰之基礎，實開其先，不僅為應付當時局勢而已，於此乃益見公所謀之遠且大也。

對於我國教育之主張

公對於我國教育之主張，可約述如下述點：

一、以民族主義的基礎，注重中國的倫理哲學，來確定我們的趨向。

二、採取各國教育蓬勃進取，躬行實踐，不斷向上的精神，以動的教育來建設新中國。

三、認定教育生產勞動三者連環發展的主張，絕對向生產化勞動化一方面發展。

此為在江西教育會講教育救國與救國教育時的大旨，平日對於教育之言論，殆可歸納於此。更總括言之，公所主張者，乃「動的教育」，講演中曾扼要說明其效果。曰：

「從動的當中，獲取真確的知識，實用的才能，不但能知，尤在能行。不但自己能自強不息，而且能充實社實際生活的機能，推動社會的進化」。

案「動的教育」，雖為教育上之一名詞，而公之主張，實根據其行的哲學思想而來。今後之建國教育，不可不奉此以為準的。

求氣節之中

論及氣節，公曰：「氣節雖偏，而中正者未嘗不在也。能知此理，則可求得乎中」。案此語實為開變化氣節法門。然偏者往往不自知其偏，即古人亦多有偏者，如不知此理，讀書但求其與我合者為法，則讀書雖多，仍不能救其弊。此非隨時細心體察不可。在讀書以外，尤須平心靜氣，以從事於觀人察物方面，能如此，必有所得矣。

電規韓復榘

韓復榘主魯政，公嘗致電為規。略謂「現行民刑法典，應如何改進，乃適國情？新舊人物，應如何酌劑，乃能相攜共進？卓見所及，深盼具體詳告。革故鼎新之交，社會上充滿矛盾鑿枘之象，此乃先進各國所同然，吾輩安能逃此成例？惟應執兩用中，守法變法，使東西思潮，新舊人物，得以逐步融合漸進，斯有當耳」。蓋時魯政多近於詭，以察察為明，不中律度，故公以是為言也。

作戰要言

王綸為平軍分會參謀，公致電指示，有曰：「作戰絕非相機嘗試之事業，應有全盤之計畫，及確定之方針。怯者固不得擅退，勇者亦不許輕進。如偶因一隅之小勝，遂圖佔便宜，或因士氣沮喪，而不為節制，相率狼狽撤兵，皆大誤也」。此雖言兵事，亦可悟立身處世之道。

又案此電中頗稱許傅作義，謂其軍作戰有方云。

參謀會議

參謀會議，於廿二年六月七日開幕，十二日閉幕。公連日出席會議講演。於參謀業務，指示極詳。曰：

「說到作戰計畫的研究和準備，其間最要緊的工作，就是要將千變萬化的敵情，加以假定和推測，然後判斷處置，分別畫在圖上，遇有情況變化，自可按圖索驥，從容應付。」

又曰：

「越是很小難走的道路，人家不注意的，或竟是地圖上沒有的，越是我們當參謀的人，要特別探察詳考。」

又曰：

「我們目標雖然只有一個，而其他各種情況，都要預定在圖上。」

又講參謀業務及其應有之修養，曰：

「做參謀長的人，不應有一點虛榮心，更不應露鋒芒。待人要謙和，自己要素有修養，器識遠大。」

又曰：

「參謀長對於主管長官，要忠實有責任心。同時主管長官對於參謀長，也要尊敬有信任心。」

以上為歷次會議所講。至閉幕時，又有深切之指示。曰：

「當著存亡危急的時候，主管長官每每有見地不明的地方，或是愛惜他的部下，或是愛惜他的實力，或是別有私見，以致應該進的地方不進，應該退的地方不退，這時候就全靠參謀長忠實負責，時時提醒勸勉激勵。從遠大的地方著想，對上官愛之以德，很懇懇地輔助他成功立業。」

又曰：

「當參謀的，一定要從自己職責範圍以內，徹底研究，準備一切。所謂研究，就是要以過去和現在一切有關的事物為張本，搜集起來，整理起來，憑自己的智識能力，加以解釋判斷，以達到知己知彼的目的。所謂準備，就是根據研究之所得，推斷將來一切可能發生的情況，決定我們的對策。」

又曰：

「參謀長是幕僚之長，要負幕內一切責任。最重要的，就是考察幕裡的人，那一個長於那一項，那一個有什麼缺點，那一個性情如何，那一個品行如何？自己心裡都要清楚，然後調遣運用，才能如意，分配工作，也才不致錯誤。」

又曰：

「總之當主管長官與參謀長，帶了幾千幾萬的人，一定要知道治眾如治寡，執簡以馭繁的道理，譬如一師有一萬多人，我們將他們分作四團，師長就可把他們看做四個人一樣來統馭。怎樣才能如此呢？這就全靠組織好，惟組織可以把紛繁錯雜凌亂的一切事物，化為很簡單明瞭和整齊一致的東西，而組織的基本原則，只是分工合作四字。」

杜威云：「無論你是否哲學家，有時不能不運用哲學思想」。竊以為吾人在社會上謀事亦然，無論你是否參謀長，有時亦不能不有參謀長的調度。

對江西縣長會議訓話

二十二年六月中旬，江西召集縣長會議，告以對於各縣縣長之希望。計九點：一曰撥亂的志願。二曰成仁的精神。三曰力行的精神。四曰應變的才幹。五曰行政的核心。六曰力行的素養。七曰教民的重要。八曰寄軍令於內政。九曰提倡整潔之風氣。蓋時江西各縣，匪勢猖獗，故曰撥亂、曰成仁，皆因時因地而言也。其對以上各點，均有明切指示。於力行略曰：

「我們必須有一種力行的精神，就是偶然有辦不通的地方，只要能力行不懈，盤根錯節地做去，到頭終能辦得通。」

於應變略曰：

「所謂應變，是要於實行一切法令規章的時候，能針對事實，而在不違法的範圍以內，通權達變。尤其是在亂世幹政治，更要有應變的才幹。」

又曰：

「無論好的法律和方案，如果拿到一個環境與他完全不相合的地方去用，那就無論如何都辦不通。就是同在一個地方，在某一個時期所最適宜的法律，如果勉強用於另一個情形不同的時期，也勢必扞格不通，乖謬百出。所以這因地制宜，因時制宜，實是運用一切法規，實施一切計畫的主要方針。」

行政的核心，即謂剿匪問題，乃因時地之需要而定。力行的素養，則注重於硬幹、快幹、實幹，而以嚴、敏、勤三字為說。嚴即嚴正，曰：

「大家要曉得，治亂世只是這一個嚴字，沒有寬的。」

又曰：

「對上要嚴，對己要嚴，對部下也要嚴。立身要嚴，從政要嚴，治事也要嚴。」

敏即敏疾，勤即勤勞。教民，即舉教民要如教兵一語為勗。所謂寄內政於軍令及提倡整潔之風氣，亦均加以說明。前者謂當奉為行政之基本原則。一切事情，必須以治軍的精神來處辦。後者以衣食住行四者之基本生活為說。而講演時，於應變一點，又有極負責任之語。曰：

「無論一件什麼事，只要是可由你們負責辦的，你們就要負起責任來辦。並且還要想法子辦得快更辦得好。那怕辦法與法令規則有一點出入的時候，只要是經你忠實考量的結果，覺得為國計民生著想，應當怎樣辦，只求動機純善，實效可期，辦的方法，能顧到因地制宜，因時制宜，你們如果這樣去辦，出了什麼事情，有人控告你，只要你們自己問心無愧，盡忠職守，一切的責任，我可以完全擔負起來。」

夫難決以物，難說以守，一而不可變，困而不可止，是愚依者之所為也。必假以事權，而後乃可責以事功。於撥亂反正之世，尤當如是。所謂律設大法，禮順人情，固在人之善於運用而已。

用人之道

論用人之道，公曰：「才難，而統一左右有才者之意旨則更難。至欲人盡其才，用得其所，使其不驕不偏，則尤為難矣」。又曰：「一得之驕，非才也，是當戒之」。惟知其難，斯能知其所用心，知一得之驕之非才，則躁切者無所倖進，而後真才斯可得，用人之道在是，得人之道亦在是。

黨務工作人員必須深入民間

豫鄂皖贛四省黨部經整理後，公指示注重黨務工作，令各省黨部對於派往各縣之人員，應切實訓練，隨時指導督察。並又告之曰：

「所有工作人員，自後必須深入民間，以耐苦奮鬥之精神，努力於社會實際之事業，使民眾皆受吾黨之利益，而增進其對黨之信念，以盡革命黨員之職責，而完成救國之使命。」

蓋不深入民間，不能知民間之疾苦，不知民間之疾苦，何能為人民謀幸福？昔者文王卑服即田功，此深入民間之證也。卑服，以今日言之，即是平民化。又可證之於詩之七月「饁彼南畝，田畯至喜」，田大夫至即與田者共食，此非平民化而何？故必須和易近民，而後民乃近之。否則，必無由深入也。

讀書方法

公嘗召集各將領訓話，指示讀書方法極多。茲最錄其尤要者於下，曰：

「看書要有毅力，只要是有益的必看的書，不管他怎樣難看，不管看起來怎樣沒有興趣，一定要將他看完。」

又曰：

「我們看書，一方面固然要能多看，一方面更要能領略書中的要旨要義，體會出原理原則來。」

又曰：

「一本書拿到手，在未看正文之前，應當先將前面的序文緒言和目錄，用心看一遍，得到一個簡要的綱領，格外可以獲益。」

又曰：

「要將書本上所講的道理，與自己實際的經驗和閱歷互相印證。大家要曉得，我們如果有經驗和閱歷，而不能運用書本上的智識去理解分析，最後予以組織，那麼這種經驗和閱歷，始終是片斷的含混的無用的東西，反之，如果僅僅有書本上的知識，而不能隨時拿實地的經驗和情況來互相印證，那末這種知識，也始終是空洞的不切實用的死東西，所以我們要求真的知識，活的學問，一定要能多看書，而且要將書本上所講的道理與自己的經驗閱歷，社會一切的客觀的情理，互相比照研究，使理論與實際融會貫通，學問與經驗打成一片。」

又曰：

「讀書要能得間，所謂得間的意思，一方面就是要能於書中精微之處，抓住作者緊要的意思。而另一方面，就是要有一種自我的主意，以研究和批判的態度來讀書。孟子說：盡信書不如無書，總理說：用古人而不為古人所奴，這都是我們讀書的要訣。心靈切不可有所拘泥黏滯，書中沒有講到的道理，我們要能想到，書中講得不透澈的地方，我們要能領解或存疑。這些都是所謂讀書得間。」

可見公平日讀書之精到。案公每年預定應讀書目，分別治之，均有常程。看書自首至尾，不遺一字。有會心處，則隨時用筆標出，圈與批識，朱墨爛然，凡所經覽書皆如是。

時間與空間

對各將領講演時間與空間之重要，公曰：

「誰能利用最適當的時間，做最適當的事，誰能把事做得快當，誰就得勝。」

又曰：

「智謀就是時間之恰當的利用，與空間之妥切的安排。」

又曰：

「本來宇宙的的一切事物的存在和演變，都不過是時間和空間的離合與變動，而人們一切有效的努力與事業之成功，都不過由於認識時空之可能與變動，而在相當限度以內，予以妥切之支配，以使諸般客觀的事物之演變，最能適合我們主觀的要求，接近我們優越的理想。」

又曰：

「所以人類的生活，就是時間空間的支配與利用。同時人類全部生活，或者說一切事業的成敗，及其評價，也就在乎此種支配利用時空之勢力的成就為何！」

此為公行的哲學之精要理論。

閩變時致汪電

二十二年末閩變亟時，汪兆銘表示消極，公致電慰勉之。曰：

「吾輩職責，乃在剿匪定國，反共保黨，如職責一日未盡，則此志一日不懈。時至今日，再無所猶豫於其間，決不能徇少數反動之成見，而置黨國於不顧。值患難之時，惟有於道義中求得知交，乃能共生死而同存亡。悠悠之口，弟決置之而已」。

觀此電，公之期望於汪者何如乎？居可為之地，有可恃之友，而不能自振拔，卒至墮為賣黨賣國之萬世罪人，此實令人為之恨且憫焉。

閩變略述

初，廿二年五月下旬，國中有異軍突起，所謂抗日救國軍者。自是陝豫兩省匪軍叛兵，概揭同盟救國軍之旗幟，當其初號召時，國中著名學者，且有為之通電張目者。公謂是感於其名故也。於致何應欽電中，曾扼要言之。所謂「外啟邊禍，內煽赤氛，共黨麇集張北，偽軍遍據察境，水深火熱，險狀環生」。此數語可以見之。其後苦心斡旋，幸未釀成大禍，而閩變實亦於此肇其端。

閩變醞釀既久，至是年冬，乃具體化。其所號召組織者，為人民革命政府，並設生產委員會，及警備、經濟、文化三府，不承認國民黨及國旗，另稱生產黨，改用紅藍黃星旗。國民政府於是訓令行政院及軍事委員會，轉飭所屬軍政機關嚴密防範，消弭禍端。公於十一月二十二日，乃轉告各綏靖主任、各總司令、總指揮、軍長、師長等，然於此事並不加以重視，亦無遽用兵力之意也。

公為閩變事，是年駐節浦城度歲。二十三年初，聞閩方計畫，在集中全力於水口與古田之線，與中央軍決戰，以定進退。如戰敗南竄，則一面退據閩西，聯合匪軍，以脅廣東。一面通電取消偽府，服從西南，以求兩粵之助。時適得楊永泰告與南中友人商談時局之電，因以所聞告之，謂屆時倘南中當局，誤認為附己，乃聲援而庇護之，不啻養虎以自噬矣。囑楊以此意切告之，並又發各方電多通。既而我軍攻延平，下之。至一月十六日，克復福州，閩變遂平。公六日赴延平，十七日赴建甌，二十三日回京。出席中國國民黨第四屆執行委員會第四次全體會議，報告經過。二十五日，全會閉幕，發表宣言，中述克復福州事，有曰：

「叛幟甫揚，舉國聲討，福州偽府，不旬日而危，未匝月而潰，倡亂極未有之離奇，而勘平亦奏空前之神速。國軍收復福州之日，青天白日之國徽，飛揚徧於全市，民眾歡呼狂熱之忱，真有重見光明之概。」

當時情狀，可以概見。此役關鍵，重在延平，而第三十六師先克九峯山，尤為致勝之關鍵。公稱延平城之難攻，甚於惠州，倘不由該師先克九峯山，則此役成敗，未可知也。

公於國二三年來，對於國內各方，無不委曲求全，極力避免內戰，蓋所以求國力之充實，絕強鄰之覬覦也。如於此役，亦可見之。當事變起後，據報日本梅津少將及杉村楊大郎即向其陸軍省貢獻意見，略謂中國對日合作無誠意，軍政當局以準備將來對日之企圖，博人民信仰。現政府（日本政府）對閩變應靜觀其變化，冀擴大軍事，而使中國內政崩潰，國民政府迫不得已降服日本，則中日懸案可決云云。日政府已將此意見陸續採納。幸公苦心應付，故倭寇幸災樂禍之計，終無以得售。是役公尤引以為喜者，為事平後軍隊全部改編。嘗電胡宗南，謂此時為開革命史之創例云。

初，當閩變方亟，公在浦城，規畫軍事，夫人在旁，公於軍書旁午之際，顧而笑曰：「夫妻和愛之樂，可敵一切憂慮患難也」。詩以戎疾不殄，烈假不瑕，不聞亦式，不諫亦入，歸功於大姒之嗣徽音，有以哉！

發表對土地政策之意見

廿二年十二月，公發表對土地政策之意見。略曰：

「今日中國之土地，不患缺乏，並不患地主把持。統計全國人口與土地之分配，尚屬地浮於人，不苦人不得地，惟苦地不整理。即人口繁殖之內地省區，亦絕少數百畝數千畝之地主，而三數十畝之中小耕農，確佔半數以上。故中正對於土地政策，認為經營及整理問題，實更急於分配問題。即就分配而言，本黨早有信條，即遵奉平均地權遺教，應達到耕者有其田之目的。而關於經營及整理，則應倡導集合耕作，以謀農業之復興。昨年豫鄂皖剿匪總部頒行土地處理條例，其要旨在承認業主地權，保持目前農村秩序，而附有兩種條件，一為凡本村有耕作能力者，必令計口授佃，重在均耕，不再亟亟均其所有。一為採限田遺意，規定私有田畝之最高限度。凡擁有逾限土地之業主，則用累進法課其田畝所得稅，即以此項稅收為流通當地農業金融之用，循是以進。不耕而獲之地主，收益有其限度，勢且改投資金於他業，而能耕者獲取土地之機會甚多，絕對不須流血，與各國創設自耕農之用意吻合。不寧為是，因鑒於自耕者自身或其子孫一旦輟耕，則耕地仍有歸還地主之可慮，遂更進一步，提倡由同村之業主、自耕農、佃農共同組織，利用合作社，管理本村土地，調劑業佃衝突，遇有本村售田，先儘令合作社購入，平均分佃於社員，積時累月，可令村田盡為合作社所有。在村田全歸合作社所有以後，凡不事耕作者，既無土地關係，當然非合作社員，而能耕者則可逕由合作社以永有其田，縱時或輟耕，退社即了，無售購土地之煩，重新分佃，無兼併不均之弊。而社員承耕社田，對社所納田租，即由社用為改良耕地之費，無坐食分利之業主，更無業佃衝突之可言。以合作社為富有彈性之土地分配工具，當其購入也，可獎勵銀行對合作社優待放款，遵循交易常規，不須政府沒收，或發債收買土地而轉予之。及其分佃也，當依本村各戶之耕作能力，公平分佃，隨時由社評定增減，不勞政府派專員任分配，更不如赤匪之區蘇鄉蘇，欺壓良懦，爭肥攘沃，迄無寧日。至於土地之經營及整理問題，則當然可隨時利用合作社之發展，以導入於集合耕作，及共同整理之途徑。」

土地問題公於去年十二月，在內政會議席上亦曾談及，略謂「我們國民黨的毛病，每每不管組織的好壞，不管實際上用得著用不著，只要有了組織，有了法律，有了條例，就算了事。共產黨拿土地做他工作的對象，所做的一切事情，都集中在謀土地問題的解決上，但不管中國社會環境需要不需要，適合不適合，人家怎麼樣，就照著抄一套，以致事實上雖有土地分給平民，但貧民並不感激他們，反而怨恨他們，他們的失敗，也就失敗在這些地方，但是他們雖則失敗，我們卻不能不研究，而且要想一個適當方法，來解決土地問題。如果這問題不解決，一切政治經濟問題，就永遠解決不了」。余初見公此言論時，因憶前年與友人談及此問題，乃將當時意見略加整理，以為或可供研究此問題者之一參考，皮見此意見書，向之管見，本可以無存，然見解雖甚膚淺，尚無甚剌謬，其間或亦有一二，可為此問題之補充，因略著於此。余之管見，本總理所定一方依地價納稅，一方依地價收買之原則，可有下列之七步驟。

一、 辦理土地陳報。

二、 實行清丈。

三、 經陳報丈量之後，民間所有土地，依地價納稅。

四、 賣出之土地，歸政府依地價收買。

五、 人民於土地，只許賣出，不許買進。有私相買賣者，將其土地收歸國有，地價充公。

六、 國防及其他必需之國營事業，需征用土地者，政府依地價收買，人民不得違抗。

七、地價須依社會現實狀況之生產消耗雙方情形，平允酌定，每年公告一次，稅率地價，均以此為準。

以為解決土地問題，其難不在土地問題之本身，而在辦理此事之機關組織及經濟運用。我國自古以來，土地政策之良，莫過於周。周官土地之所以存法者，固有專官管理之，其效實由於鄉遂政策之善。後世徒慕井田，而卒不能實行者，亦以鄉政失修之故。國民黨政策，注重地方自治，地方自治，果上軌道，則平均地權，自非難事。故論解決此問題，一俟定有妥善辦法之後，當由中央下於各省，各省下於各縣，各縣下於各鄉鎮，凡陳報丈量等等，均當由各鄉鎮做起，鄉鎮由縣總其成，各縣由省總其成，各省由中央總其成。故機關組織，尤須使鄉鎮組織健全。至經濟運用，公嘗於考慮經濟原則時有云：「對金融以分布於農村為方針」，欲解決土地問題，此點尤為必要。為農民而設之農民銀行，必使普及於各縣。距離縣城過遠之鄉鎮，並須設立支行或辦事處，以辦理稅收地價及農貸之事。縣與鄉鎮之組織健全，經濟脈絡貫通，則土地問題自可漸收效果，而達成總理所謂耕者有其田之目的。

論越王勾踐與岳武穆

論及越王勾踐與岳武穆，公曰：

「勾踐臥薪嘗膽，武穆碧血丹心，必有武穆之血心，而後乃能成勾踐之大業，勾踐成功，武穆成仁，其於吾民族之光榮則一也。凜仰先烈，可不自勉乎？」

及看勾踐傳終卷，又曰：

「勾踐入臣，不惟臥薪嘗膽，且至飲溲嘗糞，較之今日之我，其耐苦忍痛，不知超過幾倍矣。」

公常取古人以自勉，斯乃砥礪志節之良規也。蓋人當艱難困苦時，精神終須能超越環境。如作進步想，念其未來之樂，自能忍受目前之苦。反之，作退步想，念其將來或更有艱難困苦過於此，則亦非忍受不可。孟子所謂「動心忍性，增益其所不能」，亦如此而已。

指示匪區善後

二十三年二月中旬，劉湘電告收復災區經過，公復電指示之。略曰：「剿匪為爭民之戰，收復各地，急賑收容，祇係一種臨時救濟辦法。撫家安輯，乃為根本之計。必使民眾解除痛苦，居者獲慶更生，逃者樂歸故里，皆存恨匪感我之心，自收軍民合作之效」。昔鄭人之歌子產曰：「我有田疇，子產復之」。自剿匪以來，凡經收復之匪區，匪輒無計再奪取其民眾，實我辦理匪區善後得宜也。觀此電，亦可知之。

調查設計會議

調查設計會議，為圖改革政治而設，成立於廿二年之冬。公於此會，期望極殷，當出席時，致詞至為懇切，告以此為救亡復興之唯一要圖，曰：

「我們要避死趨生，只有改革政治，趕緊發揮我們的政治力量。將不適於現代生存的舊社會，澈底改造成一個嶄新的現代社會來。」

具體改革政治之機構，實始於此。次年二月，對該會講演，又有極切要之指示。曰：

「吾人今後無論個人作事，或整個國家一切建設事業，均應集中精力，貫注於一點，再不可蹈過去百廢俱舉一事無成之覆轍，務須實事求是，辦一事即專力於一事，辦完第一事，再辦第二事，本會一切研究及設計工作，亦必本此原則，各人雖分途努力，最後必集中於最重要的一點。」

後於廿四年在重慶召集四川各行政專員談話，指示辦事方法，有曰：

「辦事必先求實在，再求迅速。凡事須分別其本末輕重與緩急先後，於一般兼顧之中，決定其重心，順序為之。」

亦此旨也。又言「興利必先除弊。天下事有百利而無一害者絕鮮。為政者必須先知其弊之所在，竭力杜絕之，然後其利可見」。此又為調查與設計應注意之點，因附著焉。

不能耐閒

公曰：「吾能耐勞耐苦耐痛，獨不能耐閒，倘片刻無事，此心便若無所安頓。」

促成地方自治之五件事

二十三年三月中旬，公在南京宴各省行政長官，以五事為言。曰：

「依總理在建國大綱中的規定，是以縣為自治單位。各縣要作到的工作，就是一、全縣人口調查清楚。二、全縣土地測量完竣。三、全縣警衛辦理妥善。四、四境道路修築成功。五、人民曾受四權使用之訓練。便是一縣的自治成功。」

此五者為訓政時期之事，而實行憲政之先決條件也。惜中國全境，至此尚多在軍政時期中，然訓政本為總理補救缺陷之過渡辦法，亦不能因此而妨憲政，惟於憲政開始之際，總宜趕速達成此五事，而後憲政方有實效耳。

禮義廉恥智仁勇

中國倫理名詞中有曰「禮義廉恥」，有曰「仁義禮智」，凡稍識字之人，無不一望而知，而能切實瞭解其真義者實甚鮮。以為四者只是隨便配合，離立而不必相貫。實則無論言「義廉恥」或「仁義智」都應以禮為之節。禮於對稱獨立之外，又通於其他三者。即「孝弟忠信禮義廉恥」亦然，八事並舉而禮又通於其他之七事。然亦並非禮為特重，不過禮為一切倫理之中所應有，而亦必不可無而已。公言禮義廉恥與智仁勇，於禮指明貴實在責有節度，而將義與仁，廉與智，恥與勇聯成一氣來說，題為「解釋禮義廉恥精義」，詢為明切了當之論。

一、禮

禮貴實在。公曰：

「我們敬禮的時候，內心一定要有誠敬的意思，這是精神的實在。外表一定要有正確的表示，這是動作的實在。」

又言禮貴有節度。曰：

「普通講禮，一定將禮節兩字連在一起，意思就是說：禮一定要有節，有節然後成禮。何謂節呢？節就是正確合理的節度。好像音樂，一定要有準確的和諧的節奏與音度一樣。」

於講此二點時，雖未言禮通於義廉恥，然引論語曰：

「論語謂恭而無禮則勞，慎而無禮則葸，勇而無禮則亂，直而無禮則絞，就是拿合理之節度的意思來說明禮。」

此可知禮之通於其他德目，而所謂節度，亦非僅就禮之本身言，而乃就其與他德目相會通之處言也。

二、義廉恥仁智勇

公謂義與仁是一個東西。曰：

「群體是靠互助來維繫的，互助的行為就是義。而互助的動機即是發乎仁。世上通行的名詞，所謂義勇、義俠和義務，無不是指犧牲自己以利他，利他之心，是由仁發生的，所以仁與義，實在是一個東西，就其存於心而言謂之仁，就其施之於事而言謂之義。」

又謂廉之道通於智。曰：

「惟有見理透徹智識豐富的人，才會明瞭公私是非而慎於取舍。所以廉之意義，實在通於智。不智的人不能廉，不廉之人，其實就是不智。」

又謂恥就是勇。曰：

「祇要稍有羞恥之心，那便是懦夫也有立志，弱女也能抗暴，無形中就生出勇氣來，這種由恥生勇的力量，往往可以勝過任何頑強的敵人，成就非常偉大的事業。」

蓋公之哲學思想著重在行，故其指示處，必體用相兼，知行合一，使人可以切實致力。且力戒支離破碎之病，而務期於博大完整，亦廣於此篇可以見之。

國際間對倭反響之始

一九三四年四月，公聞倭對列國宣言，不許賣槍砲與飛機攻擊我國。歎曰：「痛哉！我國宜如何發奮為強，以雪此恥耶」？後又自計曰：「倭對列國宣言雖無理，我不能不予以注意」。故即致電行政院，略謂：

「對倭外務省宣言，不能輕視，應預定以後應付步驟，並令我駐外各公使提醒各國，反對日本獨霸東亞，與破壞門戶開放之條件」

云云。及隔日得報，英已對日聲明，決堅守一切對華條約，維持英方權利。倫敦盛傳英美間已非正式同意，對日實施並行行動政策，國際間蓋於是已起反響矣。

公不以國際之反響，為足以制倭，且益加警惕。曰：

「倭寇受列強打擊以後，其行動必一面引誘，一面準備侵略，益當加厲。對於運之策略，不可不更注意也。」

此為中日關係與整個太平洋問題漸入於尖銳化之始。

感念陳英士先生

陳英士先生之被害，至此已十八年矣。公於其殉國紀念日，（五月十八日）到會致詞，闡發其生平艱苦革命之精神頗詳，茲略著於此。曰：

「陳先生就是總理一個最忠實的信徒，和最得力的幹部，也就是以上海為中心，慘澹經營，負責來指導長江流域各省革命運動的一個領袖。所以辛亥革命能夠如此快當的成功，可以說完全是由於陳英士先生歷年在上海以及東南各處，以堅苦卓絕的精神慘澹經營的結果。」

並反證二次革命之失敗，在於上海方面不能成功。謂由此更可知辛亥革命迅速成功之故。又曰：

「陳先生愈到艱難危險的時候，愈是勇氣百倍。愈到了失敗受挫的時候，愈能努力奮鬥。愈是到了群疑眾難搖移不定的時候，愈能確立信心，矢志服從。」

以下乃述其被害之始末。曰：

「袁世凱覺得總理下面，陳英士先生是最有力的幹部，因此起初就用種種威逼利誘的手段來軟化，但是陳先生是個富貴不能淫，貧賤不能移，威武不能屈的人，袁世凱用盡一切手段，都不能成功。最後就派許多暗探和刺客，到上海來謀害陳先生。陳先生是生性磊落的人，尤其是一心一意為革命，而不知有所謂危害的人。所以日本人所派的幾個刺客連一個日本人在內，就借商量礦務籌湊革命經費的名目，誘擊陳先生，不幸本黨這樣一個忠貞卓絕的元良，就斷送生命於奸徒之手。」

最後並念朱執信先生，謂在民五以後，能繼陳先生之精神事業，而能絕對信仰總理，服從總理者，為朱執信先生一人，而民國九年又在虎門，為奸徒所害。言時反覆引申，以勗勉同志，足以廉頑立懦，茲不盡述。昔人云：「一死一生，乃見交情」，即此亦可見公感念故舊之篤矣。

電慰黃膺白

二十三年六月初，黃郛滬寓住宅，有人自牆外投擲炸彈，幸未爆炸，次日，又接恐嚇函，末署中華青年鐵血團上海支部云。公得黃氏電告，亟電慰勉之。曰：

「暴徒投彈，雖未爆發，焦慮實深。吾人赤心為國，一時不能求人諒解，他日必可大明。中外歷史，不乏前科，原不足介意，弟我兄為國家安危所倚仗，當此疑難震撼之交，尚盼為國珍衛，益加警戒。嫂夫人並祈代加慰問。」

又謂此案似有政治背景，函件彈殼，亦頗有跡象可尋，加意偵查，或可得其實況云。其遭人仇視者，以辦理對日外交，不為眾所諒也。夫軍事與外交，均具有秘密性，不能使人人皆知其底蘊，當局之謀慮，其不為一般人所諒，自無足怪。而公之慰勉黃氏，其意則深至已。

為學之目的

公嘗對江西省各中學校長學生訓話，以為學之目的為勗，而歸結之於立志。其言略曰：

「我們為學的目的，就是要救人、要救國、要改造社會、要復興民族、要為社會服務、為國家盡忠，為人類造福。簡單的講，就是學為濟世，學為救人。如此為學，然後學乃有成。如此為學，然後學能致用。如此為學，然後學問才有價值。而歸結起來，就是要大家立大志，做大事，成大功，立大業。要知道人皆可以為聖賢豪傑，惟患其志之不立，其行之不篤耳。」

聖賢豪傑，乃極言之，然確非不可不至。只要各就其材性之所近，選定門類，以求深造，使其立志。深造有得，便可以做大事，成大功，立大業，便可以濟世救人。至其極，便可以為豪傑為聖賢。夫格物致知，乃為學之功。然泛焉無所歸，則不能致用，故必有所立而後可。畢生學業，須於此中學時代，立定志向。就其所蘄向者，加以格致之功，於普通之中，擇定專門，以求深造，方能有成。否則，所得祗是常識，不足以言學也。故立志實為中學生唯一之寶訓，而為師長者，亦當因材而導之入正鵠，以各蘄其有成。昔者夫子常令諸弟子各言其志，此乃為教師者不可少之精神。因其志從而誘掖獎進之，成功必多，不然，必有埋沒之天才者矣。

新與舊

公曰：「時間是一瞬即成過去的，人類文化是不斷積累而來的，所以天下沒有一件東西是憑空出來的」。又曰：「我們可用舊的方法，來抵抗他新的方法。也要用新的方法，去制服敵人舊的方法。」

案新舊實無一定之界說。舊者可使之新，新者不進步，不能使之不舊。故今日以為新，明日即舊矣。又明日，舊者或翻新，而新者又舊矣。易曰：「天行健，君子以自強不息」。亦惟有自強不息者，能日新又新，而無以舊之。是乃消息盈虛之理，安可不於日常運用之間，加之意哉！若熟復斯言而知其所用心，則新舊無謂之爭，可以息矣。

海會寺賞月

二十三年中秋，廬山軍官團全團將士在海會寺賞月。公之舉辦軍官訓練團，質言之，欲輸灌革命精神於各軍官耳，故開辦以後講訓不遺餘力，自七月十八日起，至此已第三期（每期二星期），覺各軍官皆能領會，頗以為慰。公於講訓之餘，嘗讀唐宋人詩，樂其恬適，為可怡養性情云。是在於賞月時，告以軍事教育應利用天然景物之重要，以引起部下欣賞自然之趣。略曰：

「我現在要告訴大家不必費錢，不必費力，而亦不拘於何時何地，而能使部下得到最純正最高尚之娛樂的方法，就是隨時隨地，要能利用天然的風光景色，動靜聲息等一切的物類和事象，指示給一般部下來欣賞，並且要啟發誘導其天然審美的情趣。比方講，在夜間行軍很疲困的時候，遇著月色很好，我們就可以指著月亮告訴一般部下說：『大家看，這月光多清白光明呵』！這樣一來，他們便自然而然都能注意到月色之光明美麗，無形中精神為之一振，忘掉行路的艱苦了！明月固然是最好賞玩的天然景物，其他如高山大川幽谷深澗，以及雲影波光松濤泉響鳥語蟲鳴一切的事物，莫不有天然的詩情樂意，堪娛人耳目，暢悅公神。即無可以供我們利用，隨時指點給一般部下，叫他欣賞，使他愉快。而且多多欣賞天然的景物，一定可以啟發幽邃的心智，開拓偉大的胸襟，涵養高尚的德性。古人謂太史公文章之雄奇，即得於名山大川，文字如此，軍事亦然。」

以下謂利用欣賞自然，可養成靜肅的習性，且使人於靜肅之中，得到心靈的快慰。乃即景立言，於欣賞之中，寓鼓勵之意。略曰：

「大家要曉得，普通一個人，最多不過活到一百歲，時間很容易過去，尤其是今天在場的各位將領，都活到了三四十歲，今後更隨時要為國犧牲，在一生之中，有幾次中秋，能看到今天晚上這樣光明圓滿的月亮？中秋固然是一年一度，但氣候不一定清明，或是被雲翳所遮，或是下雨，很難得遇著今天晚上這樣的明月。尤其我們全國抱著同樣報國志願的幾千將領，來自神明禹域東西南北的四方，大家合聚在這五老峯下、鄱陽湖邊，山明水秀之地，當風清天朗之時，來賞此中秋明月，機會格外難得。以後不知道什麼時候，大家再能夠像這樣聚首在一處來賞月。所以此時此地此景此情，格外值得我們深刻的永久的紀念。」

最後就月之圓與光明發揮。曰：

「今天再有一點意思，要告訴各位的，就是軍官團的團字，和月圓的圓字，是相連的，意思也是相通的。自然界一切物象，凡是以團合而成的，其象無不圓，以團始者以圓終。所以各位官長學員，在今天晚上共同來賞月的時候，應當要想到如何才可以使我們軍官團的訓練和大家所擔負的革命使命，能夠儘早完成，如同今天晚上的月亮一樣團圓，一樣光明。今天我們大家在此賞月，希望大家能照我所講的這個意思，自強不息，努力奮鬥，將來我們盡到了我們肩頭所負的偉大的使命，達到了國家民族所需要於我們軍人的神聖的義務，金甌無缺，有如這個明月，那時節我們回想今天的團聚，本團長願與諸君痛飲歡呼，再來作一個紀念。」

於是舉杯為祝，場中無不盡歡。而其間點染景物，陶悅性情，雖由於當時精神之愉快，而興酣淋漓，則亦未始非有獲於詩之助也。

劃分中央與地方權限之五原則

二十三年十月中旬，公出發赴西北視察，十一月中旬回京，就其所得觀感，加以整理，擬發表政見及救國之道。於政見主張分用人之權與行政權限。行政則中央只問各省方案之核交，與定期之考成，不加預問與干涉，而僅責其成效。於救國之道略謂：「救國之道，惟在免除內戰，故中央當為地方解除困難與避免牽制，而地方當一本中央整個方針，與體察艱鉅之國難，守法奉命，同上正軌」云。

是月下旬，乃本上述之旨，製為劃分中央與地方權限原則五條，擬向五中全會提出，其原則如下：

一、關於法制，中央只宜規定原則大綱，富於伸縮力，其實施辦法及詳密條例，則由各省市自由釐訂，以期因時因地因人各得其宜，而無削足適履之病。

二、關於用人任命之權，固操之中央，而人選則應由各地方主管長官就有法定資格者選擇保薦。至於任期，則以三年一任為原則。且明定保障，任期中不應無故撤職。其成績優良者，並由中央重加任命，予以連任。以期收人盡其才之效。

三、關於地方行政及經濟設施，應由地方斟酌實情，擬定計畫，編製預算，呈請中央核定施行。中央於核定之後，但須按其期程，考其成績，而不必預事干涉，使得自由發展。

四、關於中央與地方之財政，應明確劃分，凡屬於全國性質之國家財政，應由中央統收統支。例如對外有關之關稅等，其稅則與收支，尤應絕對歸中央管理，地方固不得干涉，其他國稅，亦應遵守中央所頒布之規則稅法辦理。至於地方財政，則由地方管理。其在過渡時期中，地方財政確有不足者，則由中央酌量補助，使內外相維，以為調劑。

五、關於國防軍及地方兵警之區別，應確定標準。國防軍為捍衛國家之武力，故關於國家之正規軍，其管轄指揮，須統一於中央。但在過渡時期，得依平時之統屬關係，對於部屬之任免，得由其最高主管長官呈報中央任命之，至於地方兵警如保安隊、保衛團、警察隊等，除編制數額須由中央核定外，訓練調遣之權，概屬於地方長官，無論國防軍或地方兵警，若有向外國購買武器之必要，應呈請中央代為購訂，以求品類之均一。

公發表擬提出五原則之主張後，各報先為登載。論者謂「所舉五條，乃犖犖大者，實為釐定中央與地方權責最切實際之標準。亦為增進中央與地方關係，以共同努力推進政治之方法，倘得五中全會予以通過，其關於現行法規者分別釐訂，或加以修正。關於行政方策者，則切實推行，敢信中央與地方之扞隔，必日臻消融，而和平統一之實效，操券可握」云云。

十二月十日，第四屆中央執行委員會第五次全體會議開會，公乃以所擬五原則提出付議。十二日第二次會議通過之，交中央政治會議詳定辦法。推行未盡貫徹，而抗戰事起。今者勝利已日益接近，將來國運更新，凡百政治，皆待整理。此五原則，當仍為今後應據之準則，故詳記之。

到鄉村去

公曰：「要完成復興的事業，先要復興農村。對於農村實在狀況的調查考察，那是比什麼都重要的工作。必於實地考查以後，才可實地計畫具體的方法，實實在在去進行。所以我們革命最重要的根本工作，就是到鄉村去。」

視察蒙邊——二百餘年來第一人

公二十三年冬出發視察，至綏遠，對綏省黨政人員及榮王、德王、潘王等殷殷垂詢頗詳。德王說二百餘年來，國家最高領袖，來蒙邊視察，公為第一人，甚望五族精誠團結，在公領導下，共同奮鬥云。

卷七

新生活運動發凡及綱要

新生活運動發凡曰：

「時間與空間二者，乃一切事物之本原，亦即吾人整個生活之之經緯。文化者，人類發揮其智能，以把握時間空間，支配諸般事物，而不斷的改善其生活之努的願程，與日積月累之產果也。故文化者，生活之神髓也。生活者，文化之實體也。必有進步之文化，然後有進步之生活，亦必待生活能切實改進，然後文化乃有真實之進步。所謂革命者，即依據一種進步的新思想，以人力改進各個人、以至整個國家之生活形態之謂。簡言之，革命即生活形態之改進也。吾國革命之所以迄今尚未成功，即生於全國國民之生活形態因循無所改進，或且日益腐敗之故。今吾人既欲完成革命，非竭力於此不為功。新生活運動，即所以蘄求全國國民於食衣住行四行實際的基本生活能徹底改進之一種社會教育之運動也。此種運動果能普遍收效，使全國國民之實際基本生活，能徹底改造成功，民族復興之機運可立而待也。管子曰：入州里，觀習俗，聽民之所以化其上，而國之治亂可知也。故人民之生活習慣，與一國之治亂安危，關係甚大。在昔已然，如今為甚。試觀當世新興諸國，如德、如意、如俄、如土，其國民何莫非生活整飭，精神奮發，勤勞刻苦，有禮守法，是為世界所欽敬，於無形中增進其國家之聲威，使外敵有所不敢輕侮，反觀吾國國民，頹唐汙穢散漫凌亂有如今日，安得不見輕取侮於列邦？時至今日，若此種腐敗的舊生活，猶不及時徹底改進，不僅無以雪恥圖強，完成革命，復興民族，即或國誠已不貧不弱，恐猶不足使世界傾城敬愛也。吾敢曰：新生活運動，實為今日救亡圖存復興民族之基本的革命運動。今吾人從事新生活運動，首須確立新生活之中心準則，此準則為何，即食衣住行務須由整齊清潔簡單樸素與迅速確實六項原則，做到一切合乎禮義廉恥。故新生活之實質，即為食衣住行。新生活之精神，即為禮義廉恥。新生活運之真義，即在使全國國民之食衣住行合乎禮義廉恥。而整潔簡樸迅確六者，則實行新生活之門徑，與新生活運動之綱領也。抑猶有進者，吾人從事新生活運動，更須確知新生活運動最後目的之所在。簡言之，新生活運最後之目的，在求全國國民之徹底軍事化，乃為其實質的內容。明乎此，則於新生活運動之條目及方式，始有所本。而能於有形無形之中，使全國國民漸進於共同一致之程度，而徹底軍事化矣。欲使全國國民明禮義、知廉恥、守紀律、有組織、增進智識道德，而達軍事化之目的，自非一朝一夕所能為功，須於整個教育中作根本之設計與長久之努力，但此種治本辦法，目前已感力所不及，時不我待之苦。故吾人不可不於治本之外，同時於治標一途，盡最大之努力。治標者何？社會教育是也。新生活運動，即為一種基本最要緊最普遍亦最有效之社會教育。雖然，吾人猶慮此運動涵義過多，恐務廣而荒也。故擬先擇清潔及規矩兩種運動開始。俟此兩項做到，再進而求其他。吾人猶慮此種運動之開始策動，恐推行難期盡利也。故擬先就南昌一隅試行，俟有成效，再逐漸推廣至於全國。其次，余欲提示倡導新生活之要訣。簡言之，倡導新生活，總須推己及人，由上而下、由小而大、由近至遠。推己及人者，謂必各人本身能切實做到，然後可以以身作則，而表率群倫，收提倡勸導之效也。由上而下者，謂必政府機關公務人員，及一切為人官長教師父兄者，能先徹底實行新生活，可以為一般民眾部下或子弟之模範，然後乃可從而竭力監督指導之，使能隨同實行。所謂道民之門，在上之所先，風行草偃，由來一理也。由小而大者，謂必先能就一切細微扼要之事，切實倡導力行，然後可以語其大者。管子不云乎？欲民之修小禮、行小義、飾小廉、謹小恥、禁微邪，此勵民之道也。民之修小禮、行小義、飾小廉、謹小恥、禁微邪，治之本也。由近而遠者，謂必先求切近之一切事物，能合於新生活之準則，然後可以逐漸推廣。古人云：一室之不治，何以天下國家為？陳平微賤時為人宰肉，嘗告人曰：他日宰天下亦當如是，此即由小而大由近而遠之理也。以上乃倡導新生活之要訣，茲更就新生活之意義，提示各人實行新生活之要則。所謂生活者，各個人自出生以至死亡之全過程也。繼續不斷，無時或息者也。生活之新舊云者，特指生活樣法之改革而言。藉開始改革之時日，料全部生活為先後兩階段而已。故新生活者，開始改革生活樣法以後之繼續不斷進展無已的全生活也。人人皆有生活，時時皆在生活，事事皆為生活，故實行新生活，並無任何時間空間與人的分別，貴乎即時實行，即地實行，貴乎人人實行，事事實行，尤貴乎切實實行，始終實行也。願諸同志共勉之！

新生活運動綱要如下：

甲、新生活運動之要旨。

新生活運動者，我全體國民之生活革命也。以最簡易而最急切之方法，滌除我國民不合時代不適環境之習性，使趨向於適合時代與環境之生活。質言之，即求國民生活之合理化，而以中華民族固有之德性禮義廉恥為基準也。我中華民族，本為重禮義知廉恥之民族，而禮義廉恥之於今日之建國，則尤為迫切而不可須臾緩也。我中華民族有五千年之文化，其食衣住行之法則，本極高尚，時至今日，反有粗野卑陋之狀態，而不免流為非人的生活者，厥為禮義廉恥不張之故。我中華民國有三千五百萬方里之土地，其食衣住行之資源，亦極豐富，時至今日，反多爭盜竊乞之現象，而不免流為非人的生活者，厥為禮義廉恥不張之故。我中華民國有四萬萬之人民，其衣食住行之組織，本極鞏固，時至今日，反呈邪亂昏懦之現狀，而不免流為非人的生活者，厥為禮義廉恥不張之故。今欲以優美之藝術，曷其卑野粗陋之習尚，以固有之品性，絕其爭道竊乞之行為，固有待於禮義廉恥之復張。然在此邪亂昏懦狀態之下，社會秩序紛亂，邪談橫行，人多沉湎陷溺，莫知所從。故施政施教，都如摶沙捕鼠，未易見效。振衣者必挈其領，提綱者必挈其綱，若欲改善今日國民之生活，必自糾正其邪亂昏懦陷溺沉湎之風始，此新生活運動之所以為今日立國救民唯一之要道也。

乙、新生活運動之認識。

一、何謂生活？孫總理曰：民生就是人民的生活，社會的生存，國家的生計，群眾的生命。是民生雖分為四個方面，而生活實為其他三者之總表現。蓋生存重保障，生計重發展，生命重繁衍，而凡為達成保障發展與繁衍之種種行為，便是生活。換言之，生活即是人生一切活動之總稱。

二、何謂新生活？為欲繁衍生民，保障生存，發展生計而表現之一切行為，因時與環境之遞嬗變遷，而呈現不同之形式，演化不同之方法，時不可留，環境亦隨之而異，惟能苟日新，日日新，又日新者，始得暢遂其生。凡民族之生活，當其蘄求適合時代與環境時，必須補偏救弊，一變其舊有生活之趨向，此即謂之新生活。

三、何謂新生活運動？人民生活之滿足，固有賴於政治之教養，假各種制度之盡善推行，與社會風俗習慣之關係，至為密切。每當舊制度崩潰，新制度代興之時，苟不知提倡與其新制度相適應之風氣，以為推行之助，則新制度每為之迂迴顛躓，末由展其效能，必須風以動之，教以化之，而後其政始得為之治也。水流溼，火就燥，社會運動之效用，正所以為之溼為之燥而已。故任何國家，於革故鼎新之際，恆以轉移風氣為先，蓋其力較政教為尤大，其用較政教為尤廣，而其需要，亦較政教為尤急也。此種轉移風氣之工作，即所謂新生活的運動，此運動之進行，端賴國民人人之自覺其需要。發乎己，應乎人，由近及遠，由淺入深，能修其身，所以立一家之風。能治其家，所以立一鄉之風。與政教相輔而行，而常在政教之先。與政教相得益彰，然不賴政教之力而始著者也。

丙、新生活運動之目的。

一、為何需要新生活？今日吾國社會，一般心理，苟且萎靡，其發現於行為者，不分善惡，不辨公私，不知本末，善惡不分，故是非混淆。公私不辨，故取予不當。本末不明，故先後倒置。於是官吏則虛偽貪汙，人民則散漫痲木，青年則墮落放縱，成人則腐敗昏庸，富貴則繁瑣浮華，窮者則卑汙混亂，其結果遂使國家紀綱廢弛，社會秩序破壞，天災不能抗，人禍不能免，內憂洊至，外侮頻仍，乃至個人社會國家與民族，同受其害。若長此不變，則雖欲苟延其鄙野的非人的生活，亦不可得。故欲繁衍我群眾之生命，保障我社會之生成，發展我國民之生計，非將上述各種病態，掃除而廓清之，並易之以合理的新生活不為功。

二、為何需要新生活運動？欲建立人民現代之生活，造成一個新社會，自不能無需於政治，尤其是需要教育。但過去中國之教育，乃至一切政治，皆病於虛與偽，故法令無效，技術無用，機械無能。官守相同，效率終異。技術相同，成就各殊。機械相同，功用不一。今欲求法令與技術之有效，其關鍵不在法令與技術之本身，而在施用法令與技術之人。欲求機械有效，其關鍵亦不在機械之本身，而在運用機械者之精神如何。人之臧否，固關係乎政教，而社會習尚所予人之薰陶鍛鍊，其效力迅速而普及，實非任何政教制度所能比擬。關於政教制度諸問題，政府方從事於改造，自不必贅，值此國家存亡危急之時，吾人苟不願束手待斃者，應不坐視其自然的推演，必以非常手段，謀社會的更新。質言之，當以勁疾之風，掃除社會上汙穢之惡習，更以薰和之風，培養社會上之生機與正氣。負此重大使命者，惟新生活之運動。

丁、新生活運動之內容。

一、新生活運動之規律。新生活運動，就是提倡禮義廉恥的規律生活。以禮義廉恥的素行，習之於日常生活之食衣住行四事之中，故禮義廉恥者，乃發民德以成民事，為待人處事、持躬接物之中心規律，違反此規律者，無論其個人國家與民族，未有不為之敗亡者。持懷疑論者，約有二端：

其一、謂禮義廉恥不過是一種美善的行為，但恐智識技術不若人，則德行雖美善，亦不足救國。

此說殆未諳本末先後之義。人因求行為之完善，而後有智識技能之需要。否則，智識技能，不過為濟奸作惡之具。禮義廉恥者，乃為社會為團體為國家唯一之規律，反乎禮義廉恥之行為，其智識技能，適足以損人，結果亦不能有利於己，敗群害國而已。故禮義廉恥，不獨可以救國，且所以立國。

其二、謂禮義廉恥不過是一種節文，凍餒不給，節文何用？

推此說者之意向，乃由於管子衣食足而後知榮辱，倉廩實而後知禮節二語之誤解而來。殊不知禮義廉恥為人之本，未能為人，何有衣食？蓋管子此言，僅示一方，其要仍以四維為先。蓋有禮義廉恥之社會，衣食不足，可以人力足之，倉廩不實，可以人力實之。無禮義廉恥之社會，衣食不足，爭之盜之，仍不得足。倉廩不實，為竊為乞，仍不得實。禮義廉恥之行為，乃糾正爭盜竊乞之行為。所謂以正當方法求其足求其實耳。故反乎禮義廉恥之行為者，衣食不足，終不得足。倉廩不實，終不得實。即使已足已實，而爭盜竊乞施於人與人之間，衣食雖足，亦不能用，倉廩雖實，亦不能享矣！世界最富之都市，往往盜匪亦最多，此其明證。而今日一般漢奸奴才國賊共匪與貪官汙吏等等，察其作惡之由，豈皆為饑寒所驅使，祇忘其固有禮義廉恥之本心耳。禮義廉恥之重要如此，故必須以禮義廉恥為生活之規律。

二、禮義廉恥之解釋。禮義廉恥，古今立國之常經，然依時間與空間之不同，各自成其新義。吾人應用於今日待人處事接物持躬之間，得為簡要之解釋如下：

禮是規規矩矩的態度。義是正正當當的行為。廉是清清白白的辨別。恥是切切實實的覺悟。（此為總釋，以下又逐項加以解釋）

禮者理也。理之在自然界者，謂之定律。理之在社會中者，謂之規律。理之在國家者，謂之紀律。人之行為，能以此三律為準繩，謂之守規矩，凡守規矩之行為的表現，謂之規規矩矩的態度。

義者，宜也。宜即人之正當行為，依乎禮，即合於自然定律、社會規律與國家紀律者，謂之正當行為。行而不正當，或知其正當而不行，皆不得謂之宜。

廉者，明也。能辨別是非之謂也，合乎禮義為是，反乎禮義為非。知其是而取之，知其非而舍之，此之謂清清白白的辨別。

恥者，知也。即知有羞惡之心也。己之行為，若不合禮義與廉，而覺其可恥者，謂之惡。惟羞惡之心，恆有過與不及之弊，故覺悟要在切實，有切實之羞，必力圖上進，有切實之羞，必力行湔雪。此之謂切切實實的覺悟。

禮義廉恥之解釋，既如上述，可知恥是行為之動機，廉是行為之嚮導，義是行為之履踐，禮是行為之表現。四者相連貫，發於恥，明於廉，行於義，而行之於禮，相需相成，缺一不可。否則，禮無義則奸，禮無廉則侈，禮無恥則諂。此奸、侈、諂，皆似禮而非禮者也。義無禮則犯，義無廉則濫，義無恥則妄。此犯、濫、妄，皆似義而非義者也。廉無禮則偽，廉無義則吝，廉無恥則汙。此偽、吝、汙，皆似廉而非廉者也。恥無禮則亂，恥無義則忿，恥無廉則醜。皆似有恥而無恥者也。恥非所恥，則恥蕩然矣。如果禮為非禮之禮，義為不義之義，廉為無廉之廉，則禮義廉恥，適足以濟其奸犯偽亂者之私而已，可不辨乎？

三、食衣住行之解釋。食衣住行之遂行條件有二：一為物質的資料，即食物、衣服、房屋、道路、舟車等是也。一為精神的表現，即飲食、服御、住、行走等是也。惟行之一字，有廣狹二義。狹義之行，訓為行走。廣義之行，訓為行動。故以廣義言之，食衣住行之一切動作，無一不可納諸行之範疇。而狹義之行，祗為行之一端耳。由此吾人可知，三民主義之衣食住行，仍注重物質資料之解決，而行之一字，係從一面的名詞之解釋。（引建國大綱中修治道路運河以利民行為證）至現在新生活運動中之食衣住行之行字，乃兼有廣狹之義，吾之行的哲學，意亦在此，觀於前章新生活運動內容之所述，其大意可得而知也。

四、禮義廉恥與食衣住行之關係。食衣住行之遂行條件，由物質與行動兩事而具備，已於前章詳言之。行之為訓，有廣狹二義，廣義之行，其於禮義廉恥之關係，亦見於禮義廉恥之解釋一章，俱不贅。今所欲言者，為禮義廉恥如何直接表現於食衣住行之中。食衣住行之遂行，可分為資料之獲得，品質之選擇，與方式之運用的三個方面，今試分別言之。

一、資料之獲得，應合乎廉，廉者明也，應明其分，苟非其分，一介莫取。質言之，食衣住行之資料，須以自己勞力換得，或以正當名分取予。若爭奪依賴，固所不可，即賜讓贈予，亦有所不屑。先儒所謂失節事大，餓死事小，即此意也。

二、品質之選擇，應合乎義，義者宜也，須因人制宜，因時制宜，因地制宜與因位制宜。何謂因人制宜？老者衣帛食肉，不負戴於道路，宜於飽暖舒閒，而少年僅以不飢不寒為足，宜於刻苦鍛鍊也。何謂因時制宜？四季寒暖不同，飲食起居，宜順時調節，以與氣候相適應也。何謂因地制宜？南北土壤氣候不齊，近山濱水，生活習慣亦異，宜依地為良，以與環境相適應也。何謂因位制宜？或臨萬民以執法，或帥三軍以禦敵，必有一定體制，始足以見威儀而蔵所事，要在不卑不亢，毋泰毋嗇，因其地位之上下，以制宜也。

三、方式之運用，應合乎禮，禮者理也。（一）須合乎自然的定律。（二）須合乎社會的規律。（三）須合乎國家的紀律。禮義廉恥之互相連貫，前已言之，食衣住行之必合乎禮義廉恥，其間亦互相連貫，固無待言。無論其為資料之獲得，品質之選擇，方式之運用，皆有密切之關係。如三者有一失禮亡義與不廉之事，即成為生活汙點，皆當引以為恥也。

戊、新生活運動之方法。

一、運動之責任

（一）全部運動由南昌新生活運動促進會主持之，各省市縣如有發起同樣運動者，乃可設會，但縣會應受其省市會之指導，而免紛歧。

（二）省市縣會應由省市縣中最高行政長官主持，以省黨部民政廳（或社會局）教育廳（或教育局）公安局及軍事機關各派高級人員一名，社會各公法團體亦公派負責人員若干人，共同組織之，以資畫一。

（三）鄉村農人由區保甲長，工人由廠長或工會負責人，商人由各業工會負責人，學生由校長教職員，軍隊由政訓處長與主管長官，或軍隊黨部負責人員，公務員由各該機關主管官，家庭婦女由婦女協會負責提倡，仍須由當地促進會派人指導之。

二、運動之工作。分調查、設計、推行三項。

三、運動之費用。一切費用應極力節省，由發起人與主持之人或當地政府籌給。但不得向外募捐。

四、運動之事項。由南昌促進會決定分發，先從規矩與清潔兩種運動開始進行。

五、運動之程序。

（一）由自己作起，再求之他人。

（二）由公務員作起，再推至民眾。

（三）由簡要之事作起，再及其次。

（四）由不費錢不費時不費力之事作起，再行其餘。

（五）由機關團體及公共場所，如學校、公署、車站、碼頭、戲館、公園、會場等作起，再求之於全體之社會。

六、運動之方式。

（一）先以教導，後以檢閱。教導是以身教、口教，再以圖畫、文字、戲劇、電影為教。檢閱是由促進會派人查考或由其本處每年分季比賽，評定甲乙以獎勉之。

（二）除原有隸屬之關係，如長官之於部下，父兄之於子弟，教員之於學生等外，不得干涉，一般普通朋友性質者，祇可勸導而已。

七、運動之時間。一切運動，只可在公餘及休假等閒暇之時間行之，不可耽誤本業。

己、結論。

要之，新生活運動者，即除去不合理的生活，代之以合理的生活。如何能使國民之生活合理？曰：必提倡以禮義廉恥為日常生活之規律。

一、提倡禮義廉恥，使反乎粗野卑陋之行為，求國民生活之藝術化。藝術者，非少數有產階級之裝飾，乃無男女老幼貧富階級之分，實為全體民眾生活之準繩。所謂人的生活與非人的生活之分野，即在於此。凡人欲盡其所以為人之道，舍此莫由。故必以藝術持躬待人者，始能盡互助之天職。中國古代禮、樂、射、御、書、數之六藝，現代反為東西列強建國主要之藝術。殊不知此即我中華民族持躬待人修齊治平最優美之固有的藝術。現在社會之所以猜忌嫉妬怨恨傾軋者，皆遺忘此藝術陶養而生之病態也。必以藝術治事接物，始能收整齊完善利用厚生之宏效，而其要旨，莫過於格物致知，明辨本末，器求創造，術尚精微，能如是，則粗野錯亂簡陋卑劣諸弊自除。

二、提倡禮義廉恥，使反乎爭盜竊乞之行為，求國民之生活生產化。中國之貧，由於生之者寡，食之者眾，凡不生而食者，其食之所資，不出於劫奪，必出於倚賴，而皆由於不知禮義廉恥為之也。故必須使生活生產化，而後勤以開源，儉以節流，知奢侈不遜之非禮，不勞而獲之可恥。昔者齊楚之所以霸，今者意德之所以強，胥賴是耳。故救中國之貧困，弭中國之亂源，其道莫要於此。

三、提倡禮義廉恥，使反乎亂邪昏懦之行為，求國民之生活軍事化。國不能戰，無以為國，廣土眾民，徒資寇盜。救國之弱，惟有尚武。方今赤匪充斥，內亂未已，版土日蹙，外侮頻仍，吾人欲救此危機，非準備全國國民之軍事化，不足以圖存。而軍事化之前提，即在養成國民生活之整齊清潔簡單樸素迅速確實之習慣，以求其共同一致之守秩序、重組織、盡責任、尚紀律，而隨時能為國家與民族同仇敵愾，捐軀犧牲，盡忠報國也。綜合上述諸義，約而言之，國民生活如何始得高尚？曰：生活藝術化。國民生活如何始得富足？曰：生活生產化。國民生活如何始得鞏固？曰：生活軍事化。三者實現，是為生活合理化。合理化所賴以實現之規律，曰禮義廉恥。禮義廉恥所賴以實現之事項，曰食衣住行。使我全體國民，以禮義廉恥為規律，實現之於食衣住行之中，則生活之內容充足，條件具備，是謂生活革命之完成，而我中華民族復興之基礎，亦即奠定於此。」

案新生活運動，為公十年來倡導已改革風氣挽救危亡之要政，於二十三年先後發表新生活運動發凡、新生活運動綱要，及新生活須知。新生活須知所指示者，俱為具體之事實，以印有專冊，故不備錄。公嘗曰：「欲與舊社會奮鬥，無異以一人而與四萬萬人為敵。非蓄養四萬萬倍之精神，鼓勵四萬萬倍之勇氣，不能與之力抗。雖若此，勝負猶未可知，乃徒冒眾新人物何濟於事哉」？此其所以提倡新生活者也。卞門君撰公生活瑣記，推論此運動有云：「天下病虛，救之以實，天下病實，救之以虛，此古來為政之道也。朱晦庵當五季之後，禪悅繁興，豪傑皆溺於異說，故宗程氏之學，窮理居敬，以使人之所持循。文成當晦庵之後，詞章訓詁，汩沒人心，雖賢者猶安於帖括，故明陸氏之學，易簡覺悟，以使人知所反本。近年以來，世教凌夷，民失其學，遂使世風愈墮，人心日媮，蔣委員長戚然憂之，乃有新生活運動之提倡，將禮義廉恥，表見於食衣住行上與民生道德，打成一片。苦心孤詣，誠足稱述」。可見當時輿論之一斑。

十年來革命經過之回顧

軍校十週紀念日，全體師生獻玉塔於公以致敬。公是日發表十年來革命經過之回顧文。全文甚長，茲著其略於下。

「總理手創陸軍軍官學校於黃埔，以民國十三年六月十六日開學，歲月易逝，忽忽蓋十年於茲。此十年者，為中國國民革命進展之時期，亦為中國國事變動最劇之時期。當此十週紀念典禮之日，凡我軍校歷屆師生，以及本黨同志與全國國民之關心革命事業者，近鑒於今日之現狀，回溯十載以來之事實，總理諄諄之提命，儼然在吾人之目前，先烈纍纍之犧牲，深鐫吾人之心坎，為哀思，為近慕，為崇敬，為戒懼，為興奮，為惕勵，當有百感紛集之慨。中正為始終親與其役之一人，尤覺萬緒千端，長言之而不能盡。雖然，本校革命之使命，蓋中國存亡之所繫，亦與國民革命之榮枯休戚相終始者也。當此內憂外患，交乘迭至，國家形勢備極嚴重之今日，余乃不得不以最簡單急切之一語，提示於全校師生全體同志之前。此語維何，即檢視十年以來之往事，敢確然斷言中國革命事業，始終在成功之道途上前進，而決非退步，更非失敗。凡關心中國前途者，決不可有斯須之自餒與自棄，以喪失其自信力是已。夫以國勢危急之今日，失土則強佔未復，民生則憂惶憔悴，而余乃謂十年以來之革命，為進展而非退步，為成功而非失敗，乍見者或將以余言為虛夸，然試就世界全部之歷史，與各國革命之進程，以縱觀革命之形勢，更以中國十年來之近事相衡，則必認余言為真確」。

又曰：

「革命事業為挽救危亡，為救國救民。然則革命事業，質言之，蓋救亡事業是已，自強與復興運動是已。本此最主要之一義，則有應知者三事：其一，中國之革命運動，既無時不思突破外國侵略之藩籬，則當革命將近成功之時，必不免受外來最嚴重之頓挫。證之世界歷史，此蓋理有固然。其二，中國之革命，既為自強與復興之運動，則革命成就之遲速利鈍，自不能不受本國歷史之背景與所處時代環境之支配，此為天然之定理。故欲定中國革命之成敗，應求之於革命以後與革命以前差異之情狀，而觀察其內外進展之情形。其三，應知中國革命既為求脫各國所加於我之桎梏，則國際環境之順逆，自尤為影響革命成功遲速之主因。必本此三義，以尋求革命成功或失敗，始得接近於真實。國民革命對內之目標，為剷除殘害民眾之軍閥，掃蕩阻礙復興之封建勢力，與殘酷無恥甘為漢奸之赤匪，以確立和平統一之基礎。對於剷除軍閥，自十三四年之奠定兩粵，十五年至十七年之完成北伐，我國民革命軍之將士，蓋不知拋擲幾許之頭顱與熱血，我軍校同學，尤前仆後繼，靡役弗從，積數年英勇之犧牲，卒以剷除革命進行之障礙。掃蕩軍閥之工作，迄於十七年之夏，悉循既定之步驟，而達於完成。徒以中國多年蘊積之封建勢力，植根深厚，致一有間隙，即迸發而為斲喪國力之變亂，數載以來，將士之轉戰，國力之凋殘，言之可為痛心！然各種不同形式之變亂，迄於去年福建事變，可謂集封建殘焰之大成，而最後卒為迅速之熸滅。自茲以往，封建軍閥，既掃蕩無餘，國家乃得以全力撲滅匪禍。故自十三年以迄於二十三年之十年間，關於掃蕩一切軍閥，剷除革命障礙，安定宇內人心與秩序，所謂國民革命第一期之工作，已可完全告一段落。而自茲以後之革命事業業，乃入於更艱鉅之又一階段。換言之，即第二期國民革命，由於本校十周年紀念之今日開始是也。其在另一方面，反觀共產黨假助外力之著著進逼，與夫「九一八」以來日本對我侵略之急進，以造成空前之國難，益可證明其為中國革命向成功之途進行之反應。蓋在從前北京政府時代，國家無自強之決心，國民未能表現復興之力量，彼外人之視我，正如古語所謂「寄之外府」，欲何時取得則何時取得耳。故其手段為緩進，其態度為姑以待之。及我革命勢力繼續發展，始引起野心者之驚惶失措，以為失此不圖，後將無及。又適當國際形勢互相戒備，未能伸張正義之際，遂以造成東四省之淪陷，吾人誠不能不認此為革命進程中嚴重之頓挫，但斷不得謂非革命進展之現象。蓋吾黨自十三年以來，領導全國民眾，力爭國家平等，實無時不與外力相苦鬥，十年來對外接觸之事實，如沙基痛史，如濟南慘案，如共產黨在長沙在贛在粵先後之變亂，乃至如十九年之中俄糾紛，迄於「九一八」以來，繼之以「一二八」淞滬抗戰與二十二年長城各役，我全國民眾，蓋始終處於與外力搏戰之境遇，亦無時不表現我民族意識之日益堅強，革命勢力之猛進，終於驚破帝國主義者消滅中華民族之迷夢。在此十年之中，自我國民革命軍進展以來，關於我國主權之收回，與國際地位之改善，例如威海衛、漢、潯、鎮江等處租界之交還，關稅之自主，商約之修正，郵權之統一，及各種賠款善意之退還。乃至民國二十年英國本有五年內自動取消其領事裁判權之承諾，皆有實例可舉，而為十三年以前所不能輕易得之者。夫此區區往事，固不能償吾革命犧牲之代價於萬一，而於吾革命全部之任務論之，蓋亦微乎其微，然當時本黨同志，如果能本總理大公無私之心為心，則國內事變，不致發生，統一基礎自必日臻鞏固。如此吾人敢言不惟對外取消不平等條約，將於本校十周紀念日由吾黨革命奮鬥而實現，即「九一八」事變與東北之失陷，亦無由而起也。夫惟我全國國民能在革命領導之下，對外作努力之奮鬥，始足引起各國之注意，而改其視聽，亦惟有此種事實，而國內情勢不能與革命之要求相應，遂使野心者決然為此嚴重之逆襲。是以吾人須知東北失陷，乃革命向成功方向進展中之反應，而決不可視為革命之失敗。自有東北事變，吾之國難，誠自此而益深，革命前途，亦因此而愈增其艱難，然若因此而喪失其革命之自信心，即為忽視因果之錯誤。且吾人苟悉心研究東北之歷史與地位，更可認識東北事變有其特殊之性質，而非可視為國民革命成敗之徵象。蓋百年來之東北，本為帝國主義者角逐之場，其根深蒂固，久已構成一極複雜錯綜之關係，打破此種關係，斷非如十七年之統一東北，一舉而得者之簡單而便易。東北問題早成歷史上國際之問題，中正昔年上革命策略一書於總理，嘗言東北問題，非東北之單純問題，當留待東亞問題全部之解決，意即指此。故我國人今日亟應惕勵奮發，以求革命主義之完成，斷不可因東北事變而懷疑於革命之前途也。若就國家之歷史與環境以論，我國革命之成敗與遲速。則余以為吾人對於中國革命之前途，尤絕對無悲觀失望之理由。夫中國為幾千年之古國，過去之歷史如此其悠久，而不平等條約之束縛，又如此之深固，區域如此其廣大，而交通又如此之幼稚，人民如此之眾多，而知識又如此之不齊一。社會與經濟之錯雜凌亂，更為近代任何革命國家所未有。凡此事實，俱足為稽延革命成功之障礙。而尤有一重要之點，厥為所處時代與國際環境之特殊。夫我中國自總理倡導革命以來，先後蓋五十年，而其蓄積實力，以從事於徹底之掃蕩者，蓋猶在民國十三年創造黃埔之後，以視法美，自發動以至於完成，或七八十年或百年者，短期歲月，固難期以速成。即以與德意復興或俄土革命相比擬，內外環境之懸殊，亦不能相提而並論，蓋德意二國壤地之狹小，非如我國擁有四千萬方里遼闊之區域也。以土耳其而言，其退處於安哥拉而圖復興，始則有強固之外援，以戰勝希臘。繼則運用外交之呼應，以脅制列強，非如我國革命，方將突破列強緊密之層圍；而當革命進行之間，又無一真誠可恃利害相結之與國者可比也。更以蘇俄為例，彼國革命開始之條件，有一部份雖與我國相類似，然其區域雖遼闊而交通工具如鐵道電報等，當視我為完備也。其人民種族複雜，而其教育之落後，不如我國之甚也。其帝俄時代之軍隊，雖素質不良，而其革命後，內部一致，組織強固，又非如我國過去軍隊之駁雜也。其人民之知識程度，雖較之現代國家為落後，尚非如我國承數百年民族式微之後，多數人民萎靡散漫，團結意志與組織力自信力澌滅殆盡者無可比也。其革命之際雖備受列強之壓迫，而歐俄本土亦非如我國之有租界與百年來不平等條約之背景，乃至堂奧洞開，藩籬盡廢者可比也。抑自對外關係言之，蘇俄革命之發動，早於民國十三年者六年，其時歐美日本雖相率以重兵壓俄境，然歐戰甫告結束，丁壯消亡，參戰國家咸懲於戰禍之酷烈，故目的只在限制蘇俄之活動，而非有更進一步之企圖也。黃埔軍校開學之日，總理親臨致訓，有蘇俄革命在六年前之語，吾人回憶當時，苟北京政府稍明國際之形勢，與革命之策略，則中國獨立運動，正宜於歐戰時後，及歐戰結束各國痛懲戰禍之時猛進，以謀解除國際之羈縛。乃計不出此，惟以對內壓迫革命勢力為得計，任令良機坐逸，至於今日，距歐戰結束已十五六年，各國一方面渾忘戰時之痛苦，一方面驅於形勢之牽迫，表面似欲避免戰爭，暗中無不各自戒備，遂使我國形勢日驅於孤危，而野心者之恣肆愈甚。夫就種種形勢觀之，謂我國革命事業，此後將益趨艱鉅嚴重，吾人不可不以堅強之決心，為十百倍於前之努力，自是不磨之確論。然革命為創造時勢之事，而非為時勢所創造。況於此十年來反動時勢之中，吾人之惡戰苦鬥，已達預定之目標，豈可因時勢之拂逆，而自餒其氣！苟忽於我革命進行中歷史與環境之特殊，昧於革命整個之形勢，而遽以中國革命為絕望，此絕大之錯誤，余故不能已於言也。夫吾總理所創制之三民主義的革命，將以成仁取義之決心，致國家於獨立平等，以達世界大同之最終目的。蓋主義之偉大而平實，目的之崇高而博遠，在歷史上，無與倫比。求之古昔，惟周代之以發揮我民族精神而奮其鷹揚之武德，以驅除殘暴，改革政教者，差可比擬於萬一。然周代革命自古公亶父遷於岐山之陽，歷王季、文王、武王之三世奮鬥，以迄誅戮商紂於牧野，其間蓋七十六年，以彼時社會組織之簡單，革命事業自發動以至完成，猶須歷如此之久，則我國民革命，經總理之躬親領導者四十年，總理逝世迄今亦僅九年，方之周代革命，時間上僅及其三分之二。於此而斷言成敗之遲速，無乃昧於革命之至理。世間惟有創造愈艱難者，其植根必深，其綿延也必久。文王據百里之地而勃興周代，周為一姓一家之天下，以其國運尚綿歷至八百載之久。吾總理昔日以黃埔彈丸之地，面積不及十方里，而創為再造革命之根據地，艱苦勇毅，視古人何啻十倍？跡其畢生奮鬥之精誠，則基於天下為公之三民主義的國民革命，及其完成，必將更新世運，而與天地同其悠久。念他日成功之偉大，則吾黨同志與乎全國民眾，此日之負荷，應為如何艱鉅，其不容有絲毫之沮喪與憂疑，抑又灼然可知者矣。夫中國今日外患之深刻，與國力之薄弱，以言危迫，亦云至矣。自今以往，或且遭受更嚴重之挫折，經歷更艱辛之境遇，亦為情勢所必至，唯余以為一時環境之險惡不足憂，暫時之得失，更不足搖撼根本之大計，惟革命救國之堅強的自信，則斷不可有斯須之動搖，國家之能否復興，全在吾黨同志與全國國民，能否在復興中國之三民主義的中心信念下，為繼續不斷之努力。故於本校十周紀念之日，就革命整個之形勢，為講明其成敗遲速之理，吾人誠以近百年來之中國史與最近十年之革命史相對照，此十年之革命，不僅有不斷之進步，以今視昔，直可云有一日千里之觀。由既往以測將來，更可確信中國革命，再經吾人十年之奮鬥與犧牲，至民國三十三年本校二十周紀念之日，第二期之革命必能完成而無可疑也。抑如上所論，凡以闡明革命為成功而非失敗，初非謂已往革命經過，絕無過錯之可言。人孰無過，況在我國，以如此悠久歷史，與如此廣大土地、眾多民眾為背景之革命？但革命過去之錯誤，在乎組織與政策，而不在乎本黨之本身，更不在乎革命之主義，此則吾人所必須確認者。所謂組織之錯誤，在於複雜錯綜。政策之錯誤，則在於本末倒置，因果相演，遂以形成今日革命散漫零亂是非混淆之現象。前事之不忘，後事之師也。吾人臨此紀念大典，上追總理與廖黨代表之遺志，近念先烈與殘廢將士之慘史，更不能不切己體察，虛心自反，革命至今尚不能達到完成之役者，豈得怨天尤人，徒歸罪於歷史背景之惡劣，與一時環境之險阻。夫亦人事不臧之所致。且天地父母之誕育吾人之天職者，正使吾人改造惡劣之背景，與衝突險阻之環境，以創造繼續不斷之新宇宙與新生命。革命之任務，豈僅以適應環境，順從歷史為已足乎？豈可自棄其創造時代之使命，而甘於為時代所支配乎？是以吾人必須坦白直承革命已往之過錯，徹底檢查自身之有無怠忽，急起直追，勇於改正。自今以往，更當一秉總理奮鬥之遺規，與大公無私之精神，痛念本校三千同學喋血沙場之犧牲，與革命將士傷亡相繼之英烈，不辭一切之痛苦艱辛，以負荷任何艱鉅，解救國家之危亡，完成革命之大業。」

此文於今日讀之，益信公所見之深切遠大，而其所言中國革命進步之神色，至此當亦為一般人所共認矣，不其偉歟。

大學之道

大學之道為對軍官訓練團第三期學員之精神講話。處處擷其精義，句句切於實用，吾公深造有得之言。

大學之道

大學之道，在明明德，在親民，在止於至善。

略謂這三句，就是大學的三大綱領。天地父母生了我們下來，就有一種天賦靈明的德性，這就是明德。但是有時為氣質所拘，為物欲所蔽，漸漸失其靈明，以至於泯滅。大學之道，第一就是要修明明德，保持其本體之純明，不為氣質所移，不為外物所惑，日益發揚光大，充實完美，這是修己的工夫，亦就是格致誠正修身的綱領。其次所謂親民，親這一個字，有兩種解釋。程子釋親者新也。親民即是使民眾能日新又新進步不已的意思。而王陽明則照親字的本義，釋親民為親近民眾的意思。我們曉得大學所講人生最終的目的，是治國平天下。我們明德修身之後，便要推而廣之。將一般民眾的一切舊的不良的不適於時代環境的思想風習剷除，使造成一種新的思想與風習，能與時代要求相適應，以確合生存與發展，這就是古人所謂化民成俗，亦即近來所推行的新生活運動之真實意義。必須如此，然後治平之功，才有基礎。因此釋親為新是對的。同時大家要曉得，王陽明是個哲學家，同時也是一個政治家、軍事家，他釋親民為親近民眾，亦有重大的意義。因為新民必自親民開始，如果不親近民眾，深入民眾中間，自己有好的思想道德言行，就無從傳授他們，感化他們。所以他這種解釋，也很有理由。不過正因新民非親民不可，親民是新民應有的前題，所以我們講新民便包括了親民。而單講親近，還不能包括改新的意思，所以我們還是照程子的解釋為好。我們對於民眾，要道之以德，齊之以禮，漸摩之以仁義，教之引之，鼓之舞之，使能滌除一切汙習。使民眾的智能德性精神體魄，追上時代，日新又新。總括一句，親民是一種治人的基本工夫，就是齊家治國平天下的綱領。現在在講到大學的第三個綱領，就是止於至善。這一句話，亦可以有兩種解釋，一種是精益求精，善更求善的意思，一種是擇其至善固執牢守的意思。我們一個人，明德（修己）新民（治人）皆應當向理想的至善之境，不斷進取，必求達到至善至美之境，於理已無所不窮，於事已無所不盡，萬物各得其所，千古而不易其道，到這時候，方得為止。把握住此至善之一點，而固執不變，堅守不移，再不要馳騁妄想，見異思遷。敦品勵行，明德新民，必須做到盡善盡美，才算安心。尤必擇善固守，明決果行，才能立身，才能立功。所以止於至善，又是就明明德新民兩大目而言，為格致誠正修齊治平八項條目的總綱。

知止而後有定，定而後能靜，靜而後能安，安而後能慮，慮而後能得。

這就是講止於至善的功用和效果。意思就是說：我們先能由格物致知的工夫，求得真知灼見，見到獨一的至善之境，把握住這一個獨一至善之理，確定中心的信仰，這就是知其所止，也就是止於其所當止，然後在事既有不易之理，在心自有不易之趨，這樣心才能安定下來。心能安定，然後妄念不萌，外物不搖，而能澄澈光明，虛靈燭照，這就歸到靜的工夫。靜了之後，便能泰然怡然，無入而不自得，這就做到了安的地步。安了之後，對於事事物物，便能深思遠慮，精究一切，調處一切，無往而不得其宜，亦無往而不收其功，這就是所謂安而後能慮，慮而後能得。總之，最終的目的，是要使事事物物，止於至善，而首要的工夫，就是先要使此心能止於至善。

物有本末，事有終始，知所先後，則近道矣。

這四句是歸結上文的意思，提示我們做人做事的基本要領。即原註所云明德為本，新民為末。知止為始，能得為終。本始所先，末終所後。普通一般人做事，往往不能成功，就是因為不懂得這個道理。凡是一件事，都有本末的。如果舍本逐末，勢必徒勞無功，甚至弄到倒行逆施，反而要壞事。譬如我們訓練軍隊，如不先從固有德性訓練起，使他能發揚天性，實踐四維八德，而只教以行軍作戰這一類的技術，軍隊中的官長士兵，都不知道忠孝仁愛，不知道信義和平，不知道國家民族，也不知道當軍官當士兵的責任，那末這種軍隊，一定隨時可以作惡害民。甚至要供少數野心家的利用，為他人所賣而不自知。就大學的三綱說，明德為本，新民為末。因為明德是修己，新民是治人，你自己不能先修其身，當然不能感化社會，使大家信服。既不能善處人與人之間而得到尊重，就無法改造社會，管理眾人。再從知止能得所謂修身的一段說，知是行之始，行是知之終。我們如果不先知所止，怎麼可以施應得其宜呢？所以任何一件事，要看清本末，分別先後，更要能貫徹始終，然後才能成功。外國人一到中國來，往往譏笑中國人做事既沒有方法，更缺乏組織的智能，那曉得這些方法和智識，中國自古就很完備了。在大學裡面所說的道理，群己內外，大小先後，逐層推展，層次何等分明！這些科學的組織體系，又如何的自然而精密！只怪一般人不知寶重，不能發揮，以致做人不得正道，做事沒有效能，結果要被人家來譏笑輕侮與壓迫。今後我們要覺悟，無論做人做事，必須奉中國固有的大學之道為基本原則。

古之欲明明德於天下者，先治其國。欲治其國者，先齊其家。欲齊其家者，先修其身。欲修其身者，先正其心。欲正其心者，先誠其意。欲誠其意者，先致其知，致知在格物。物格而後知至，知至而後意誠，意誠而後心正，心正而後身修，身修而後家齊，家齊而後國治，國治而後天下平。

這八個節目，就是講從修己以至於治人所應有的先後步驟，我們為達到平天下的目的，便要使全天下都能明明德。但是天下的範圍太大，天下的人太多，我們無從著手，所以我們必須由小而大，由近及遠，先從一國起，使一國治理得很好，再推而至於全世界，這就是總理所說以建民國以進大同的意思。但是一個國家，還是很大，要想治理得很好，更要先從組織國家的單位，即社會和家庭起，使一家的人苟能明明德，再推而廣之，使社會上家家戶戶，都能齊一均平，則社會未有不進步，國家未有不達於治理的。所以我對於齊家的解釋，這個家字，應當作家家戶戶的家字，就是社會的意義。必使社會上家家戶戶，能齊一均平，而無貧富懸殊的缺憾，然後才能治國。不過這是我個人的見解，是否還待將來再說。照古註解釋，就是說一家的人，也有賢不肖，品德不齊，要達到一家人都能明禮興讓，各得其所，必先修其身，以自己的品德來感化一家，這就是身修而後家齊的意思。再講到欲修其身者，先正其心。因為心者，身之器也。一個人的思想行為，皆以心為主，故必存養省察，使此心常湛然虛明，不為物慾所蔽，不為感情所勝。不然，便難免流為貪愚迷妄，甚至放僻邪侈，一切的錯誤罪惡，都要由此而生了，所以正心是修身的根本工夫。但是欲正其心，又必求誠其意。傳云：所謂誠其意者，毋自欺也，如惡惡臭，如好好色，此之謂自慊，故君子必慎其獨也。這裡所謂「毋自欺」，就是屏絕儌倖心，排除苟且心，不寬恕自己，不欺蒙自己，不作昧良之舉，不存姑息敷衍之念，一秉正覺，承認真理，勇猛精進，戰勝一切的意思。所以誠意的工夫，又以慎獨為始。所謂慎獨者，就是要在人所不知、惟己獨知的場合，去人欲存天理，以虛心實意處理一切事物，而無愧於天地宇宙之間，這是講誠意的工夫。再進一層講欲誠其意者，先致其知，這也是當然的道理，因為誠意是善惡的關頭。為好為惡，為聖賢為禽獸，固全由自己的心意而定，但辨別善惡，全靠自己有真知，有識力。如果識力不足，勢必見理不真，察事不明，善惡是非，混然不辨，因此意無從誠，心無從正，身更不能修。所以致知是迷覺的關頭，誠意的前提。但是我們又怎樣致知呢？這就是大學所講的「致知在格物」，格字有兩種解釋。據朱子的解釋，格者至也，要對於客觀的事物，能隨時隨地體察明白，就是要知到極處的意思。據新的解釋，格者正也。就是對於一切客觀事物，要認識得正確的意思。這兩種說法，雖都不離即物窮理的工夫，沒有什麼大的差異，但後者所說的涵義，更為完全。除含有對客觀事物窮其所以然之理的工夫以外，還有加以主觀的選擇判斷，而得到正確的認識的意思。我們對於事事物物，窮極其真理之所在，正義之所歸，以充實增進我們的知識，這就是格物的工夫。我們做人做事的起點，就是格物致知，近之所以修身，遠之所以治國平天下。我們軍人，尤其做軍官的人，不但要修身而已，還負了治國平天下的重大責任，不可不知道這種道理。先要從格物做起，要認識環境，對於一切事物，都要研究徹底，充實我們的智能，確定我們信仰。譬如我們研究三民主義的道理。便先要研究各種相關的學問，（以三民主義為中心，從而研究各種學問也）對這些學問有了基礎，才能更進一步的認識。三民主義既不是共產主義，也不是其他社會主義，而是的確可以救國家救世界之惟一完善的革命主義。更可以知道各種偏頗的解釋，都是斷章取義，故為曲解，逞臆武斷，不值一顧。我們既將整個三民主義認識清楚了，便要堅定信仰，來實止於至善之道。如此才算能誠意正心，不愧為一個總理真實的信徒。

自天子以至於庶人，一是皆以修身為本。

我們知道無論專制國家，民主國家，乃至於社會主義國家，都必須有一個元首或領袖。在帝制國家稱為皇帝與天子，在民主國家便稱為大總統或主席。名義雖然不同，而其代表國家的首領則一。所以大學所稱的天子，我們可從廣義解作國家元首。所說修齊治平這一個體系，並不一定指政府人民的統屬機關，乃是由個人以推至家庭社會國家與世界，平面的由內及外由近及遠的逐層發展的關係。因之所謂自天子以至於庶人，一是皆以修身為本，這就是說人無分上下，無分老少男女，不論地位怎樣、職務怎樣，個個人都要以修身為本。正心以上，皆所以修身也，齊家以下，則舉此以錯之耳。修身者實為內外關連、本末貫通的樞紐，所以無論是從第一步獨善其身論，或從第二步兼善天下講，都必須痛下修身的工夫。

其本亂而末治者否矣。其所厚者薄，而其所薄者厚，未之有也。

這是總結上面所有的意思，反覆教給我們的幾句話。所謂厚薄，兼含輕重多少親疏本末先後諸義而言。事物之本之始，自然為重為先為厚，事物之末之終，自然為輕為後為薄。此種關係與次序，必須分別清楚，支配適當，然後才能有所成就。如或顛倒錯亂，決沒有成功的道理。比方說修身為本，齊家治國平天下為末，如果先不能修身，則根基未立，其本已亂，決不能齊家治國平天下。自己既不能修身，則天性猶汩沒未明，孝友之道亦不能盡，則是於所厚者，已經是先薄了。而謂對於關係較疏薄的社會國家與天下，反能親厚的，必絕對沒有這一回事。又如我們做一個軍官，如果自己修身，養成高尚的品德，建立完全的人格，當然不能感化部下，訓練部下，就不能擔負革命事業，為國家民族來奮鬥犧牲了。再如我們作戰，配備兵力，應當厚的，反配備得很薄，應當薄的地方，卻配備得極厚。如此厚其所當薄，薄其所當厚，一定非失敗不可。這種道理，不但軍事方面如此，推而廣之，無論政治方面，社會方面，以及個人方面一切的事物，實無不如此。要在大家能舉一反三，聞一知十，隨地隨時類推萬事萬物，則大學雖寥寥數語，便一生受用不盡。以此立己，便為完人。以此居家，便為孝子。以此處世，便為信友。以此治軍，便為良將。以此謀國，便為忠良。古人說：不為聖賢，便為禽獸，莫問收穫，但問耕耘。大家能夠明體用之實，篤踐履之功，從此能發奮努力，完成革命，實現總理的三民主義，發揚我們國家民族的生命，必須如此，你們大家才不愧為父母所生的肖子，部下的賢明上官，和總理忠實的革命信徒，方得完成本團學員所負的使命。

案全文甚長，此所錄者，則注重於發揮本義處。其專以訓誡軍人之詞多從略，俾一般人得益明其要義云。

卷八

嘉言鈔

這個道德，並不是拘拘謹謹，束縛不動的，只要守著一切規矩，不去侵犯人家的自由。如其可幫人家忙的時候，自然要盡力去幫，這就叫做互助，亦就叫做公德。（諭長公子經國）

生活的目的，是增進人類全體的生活。生命的意義，是創造宇宙繼起的生命。（人生觀斷語為十三年對黃埔軍校第一期學生訓話，當時詞句略有不同，後修正。）

革命總要以主義做中心，國家做前提，不可盲從，更不可自私自利，專為個人衣食利祿著想。

態度和方法，不妨隨時改變，而主義和目的，是要始終如一的。

一個人自反是最緊要的，沒有自反心的人，一定不會進步。

學術上的原則總要能應用在事實上才好。

初出言辦事，你且不必管別人辦事好不好，只管盡你自己的職務。只使一時不幸受了委屈，公道總在人心，早遲終有表現的一日。只使委屈到底，我們革命黨員，是只求革命成功，不想做偉人大官的。所謂人不知而不慍，這才是革命黨的本色。

所謂成功與失敗，都是沒有一定的。明明看見要失敗了，得到一個機會，又可成功。明明看見要成功了，做壞一些事情，又會失敗。所以我們革命軍人，就應該具有政治的眼光，明白四周的情形。我們做事不怕失敗，只要我們的精神，堅忍不拔，失敗了還是可以成功的。

當危疑震撼之交，只有持靜敬二字，以待變化之來，若稍涉張皇，豈不誤黨國大事耶？

政權操之在我則存，一國政治之不能獨立，患在不能自主耳。

革命以集中與統一為維一要件。而其基礎，則在下級士兵。

以冷靜頭腦順應時勢之變遷者，必能建非常之功業。

判斷事理，應先覓得其要點，即全局中心之著眼處也。時時刻刻須注意此點，尤須注意其逐時之動向。

作戰最先準備的就是傷兵被服。

做事不可好高騖遠，習慣不可浪漫怠忽。要從普通的實際的生活和事事物物的質象上面，很謹細的去求經驗和常識。

孔子政治哲學所以高超一切，久用而無弊者，以其無意無必無固無我，偕時而化，義之與比故也。

勿論如何難事，必自有其可循之天則。不失天則，是謂中節。

對待傷兵，懲之則傷惠，縱之則長驕。

曾文正每以勤、謙、大三字自勉，勤不難，謙斯難，而大尤難。寬裕溫柔，自能謙且大矣。

參天地，贊化育，當自其德量包容天地做起。

辦事輕浮，不沉著，無條理，易於錯誤。

驕矜之心一生，則勝利即為失敗之機。

士大夫做人不長進，只是不用心不著力。其所以不用心不著力者，只是不愧不奮。其所以不愧不奮者，只是驕而且惰。以先哲之遺書為陳腐，以個人之聰明為高超，以外侮為不足慮，以安樂為必須戀。於是驕而且惰，不自警惕，不自振奮，因循而不知學。苟不知學，則愚而好自用，真棄材矣。

寓威於和，以德為武，則國治。

中國雖大，不到二千縣，如有二千好縣長，治理中國，並非難事。

凡教新兵，使之先養成愛惜物質之習慣，而後乃能使其愛民。

練兵之道，以費用公開，而得共嘗甘苦之意。賞罰嚴明，而得恪守紀律之效。而益以團結一致之精神，光明正大，廉潔勇敢之人格以赴之，未有不成者也。

遇得意勝利時切戒矜張。

和愛之道，必自待左右始。

大將應權衡輕重，須有犧牲個人，援救友軍之氣概。棄置局部，顧全大局之度量。

軍事不到危急，不能得機，亦不能乘勢。

成功與失敗，常在一間，危險反可為安全之本，反之亦然，可不慎歟！

屢次失敗之經驗，即為最後成功之基礎。故對於既往之經驗，應作為最切最良之教訓。

學業時間不間斷，則德性進步不息。故欲自強獨立，乃以求學業為要也。

一個人無論做什麼事，要在開始的時候，打定主意，決定計畫，然後照著計畫去做。

要研究學理，要求得知識，必須有一個系統。

由飲食起居灑掃應對起，到治國平天下止，統統是政治。

大學完整，中庸精微。

人生無不憂之時，亦無拂意之事，若能澹然泰然，以仁義自處，則可無傷於身，而有濟於事。

社會上的情形，交友處世，也如天氣的陰晴寒熱一樣，都是隨時變化的。只要自己打定主意，以誠懇的態度對人，做事肯耐勞刻苦，無論人家對你冷嘲熱罵，你仍是這樣的做去，將來自然會見圓滿的結果。

一件事能使一個人感激，就會有千百人同樣感激。

凡事稍不留意，即成誤會。惟作一事，心主於一事，則觀察明晰，神凝有力，何至誤會耶！

辯難足以增加深刻研究之興味。

事業不足為奇，惟德業乃為可貴。

教部下當如教子弟，視軍隊當如視家庭。

孟子論為學尚先主乎其大者，為政何嘗不然？

各國各有客觀之環境，世間決無可以移植之政治。

開國端在武功，武功告成，而後文治。文治必確有政治學識與德行兼備之真儒，始克勝任。

外交之事，不可一語苟忽。失之一言，害之千秋。

政治地位，非徒事張皇，所能成事，必須從腳踏實地做起。

古人所謂公生明，惟志意在公，則心識始明，若蔽於私則暗矣。

知人知將作誣衊而不說出，是為最難，是亦為最要之道。非若此，不足以表見德量之有容也。

昔者孔子謂君子不器。而對於子貢，則曰汝器也，瑚璉也。周公最善於求才，而曰無求備於一人，是可知才難自來如斯。不求備而求器，器多而用備，人多而事成，則亦庶乎其可乎？

凡居人上，有勢分之臨，惟以恕存心，乃可以容下，而使其才樂於為我用也。

時與大自然界相接，可以清豁胸懷，而增長作事之心力。

食衣住行四者，事事得當，即可謂為踐禮。

作事過於歛然自卑，亦為灰心之始，非進取之道。

節制資本，平均地權二原則之實施步驟與方略，當為以後研究政治中心理論之焦點。

作事忌浮大而少成功。

用人必考察徹底，不僅當知其所長，亦當知其所短。盡其短長而後任用之，始不有誤也。

論事非細心分析，以客觀事實為根據，焉能無誤哉？

王伯厚有言：「思欲進，近則精。慮欲遠，遠則周。」又言：「舜之克艱，文之無逸，心也。後之勤政者，事為而已。」又言：「求在我者，盡性於己。求在外者，聽命於天。」又言：「不愧於人，不畏於天，天人一也，不愧則不畏。」吾之作事，盡性盡心，克艱無逸，求其在我而已。何必以人之不諒，事之未成，而心有所畏，以致躁急哉？

人才不論大小，祗要肯盡心負責，皆可任用也。

天地萬物，各由其「物自體」之美惡好醜，當以客觀為據而稱量之，不可動吾心而傷吾氣。致其中和，不使過與不及，以我之誠，感化人心，或能有得也。

今日欲挽救國家，祗有恢復民族性，即注重孔孟陸王之道，以端正人心為始。

辦理警政，首在事先防範。

古人說：「政者正也」。政治這個東西，就是一個正字，正則平，所以我們己身如能正，那政治就沒有不正的。自己能夠修身正己的時候，一般部下和旁的百姓，一定可以跟上來共同努力，使政治走上軌道。所以我們凡是一個主管長官，統統應該先從本身做起來，纔能夠推廣到各方面。

處政治環境，不可成見太深，使無運用餘地，則政治之機滯矣。

對無定識定力之人，出言更須謹慎。

讀古書而不知取捨抉擇，斯害也已。

凡負政治實權與全責者，其成功在能化敵為友，不可以敵為敵也。

凡百學術事業，必怡然自樂，不厭辛苦，始能有成。

立國之本在於道德，尤在氣節，人之挺然之氣節，即天地浩然之正氣也。

天下萬無無目的與精神之人可以完成其事業者。

體格不好的人，無法不居於慘敗之地。

無論打罵，祗要誠意，必能獲諒。若以奸詐欺人，則人必終身不能忘矣。

治國者，以識人情通事理，而有一定之主張為要。不宜求近計，急進功，為左右細小之計所誤。

作事當先其難者，難者得有解決，則其他自可迎刃而解。

勝敗不決於臨時的角鬥，而完全在於平時的準備。

明是非，別利害，明死生，這事情可以做不可以做，那一件是那一件非，了然胸中，毫不苟且，這便是大學格物致知的道理。

僅僅有學問才智，是沒有用的。所謂君子有學，以致其用。小人多才，反濟其惡。所以一定先要有人格，然後才能把他的學問才智，用於正當的方向，才能真正發揮學問才智，以立己立人。所以人格的修養，是一切事業的基礎。

謹慎要在事前，這事應做不應做，能做不能做，固然應當考慮。就是要做不要做，也還可以自便，既下決心做了，就要只有進沒有退。只能在進的方面，去顧到謹慎，力求安全穩妥，硬幹到底。

處處從小利害克治，便是克己實事，便是處死生成敗之道。

越是困難危險的時候，越是我們鍛鍊意志，成功事業的機會。我們精神越要定，心思越要明。

凡事之敗，皆在將成未成之際，宜切戒之。

戒慎恐懼，乃是定時一點真念，亦即明儒所謂主宰者也。

救國之道，惟有各盡所能，各負所職。如目營八表，迎合時尚，舍己從人，不知自擇。結果必一無所就，而全局殆矣。

為將之道，貴能處勝，尤貴能處敗。

身繫天下之安危，豈復有進退自由之餘地，只要以公平無私之心處之，則橫逆之來，適足為平亂定國之資。雖有憂患，何足慮乎？

要增加實用經驗學識，要認識現實社會，單是在都市裡，是沒有什麼益處的，只有到鄉村、到民間去實地考查，才有實效。

將軍有誓死之心，而後士卒無幸生之意。

余於事物，常從易處而不看其難處，此未始非病也。

科學的組織，和科學的方法，並不是怎麼深微巧妙的東西，實是大家所應有的一種常識。並且只要我們能即事即物，一層一層把他解析起來，將他一條一條理清，一段一段歸納，一定可以得到其中的至理。大學中所謂物有本末，事有終始，這就是應用科學的方法。曾國藩說：治事不外四端，經分綸合，詳思約守，也就是這個意思。

低棋以後著為先著，多是見小欲速之病。

作事八九分便放手，終成決裂。

謹慎和勇敢，並不相妨，正要相輔為用。應謹慎的時候，就要謹慎，以避免無益的犧牲。應勇敢的時候，就要勇敢，不怕任何的犧牲。惟其平時能謹慎，到最危難的時候，才能格外勇敢。

人才為事業之根本，一件事業未建設之前，就先要注意培養人才。既建設以後，又要注意訓練培養繼起的多數人才，然後事業才有發展的可能。

每一個組織的各部分，必須兼顧到權責分明各不相犯的分工，與互相關連縱橫貫通的合作。

處理國事，不可無定見，尤不可有成見，輕重緩急之間，自宜權衡以使之適當。

至地方凋敝人心離亂之後，民眾組織以愈簡要而愈易推行，愈繁密則愈滋紛擾。

青年三十歲左右的人，格外要曉得保重自己的身體。以後身體好不好，就在這三十歲左右會不會保養。

無論研究什麼學問，終要博而能約，軍事學也是一樣。一方面先要將各種典範令，統統研究清楚，將所有戰略戰術的原則，統統能夠理會；一方面再要能運用自己的心思，和理解的才能，將這些東西，歸納起來，簡約起來，抓到幾個要訣。如此得之於心，便可以斟己酌彼，隨時運用。

仁字可以說是統攝諸法的一種德性。

從來倚仗聰明的人，可以說無一個不失敗。所以考察一個人能不能成功，就看他能不能很實在的努力，看他在每一個職務上時間久不久？時間越久的人，他就是有本事，相信他一定能夠成功。

古今中外，只有以樸實堅實的精神，勤勞刻苦的工夫，從學問和經驗中，艱難磨練的人，才能萬無一失，才能得到最後的勝利，成功可大可久的非常事業。

一個國家的國民性，一個民族的民族精神，就是由一般人基本生活的樣子，可以很明白的表現。也只有從一般人的基本生活實況，才可以看透一個國家或一個民族的真精神。

當日之米糧，求之於當日，此乃聖經之禱文。是要世人重現在事實，不必戀往與逆來也。

存養省察之要，貴能慎獨。如不能慎獨，則所謂存養省察，都是假的。

善念一動，必堅忍強毅，奮大力以持之，毋為外物所奪。

以理勝欲難，以欲勝理易。腳跟不定，鮮有不為所屈。吾惟有把持天理，以克治人欲耳。

去憂莫如樂，節樂莫如禮。守禮莫若敬，持敬莫若靜。內靜外敬，能返其性，性乃大定。

防禦的技術，在於明瞭自己的弱點。

忽教者，獄之所由生也。慢易者，禮之所以失也。

軍事攻前須先定退守陣地。若退守之計定，則進攻固利，退亦不至於敗也。

世界惟有不戰而亡之民族，亦惟有黷武而亡之民族。決無為自衛而奮鬥之民族反不能生存於世界之理。

對小人與拂逆之事，應勉強忍耐，不可深閉固拒，以順與和應之，方免悔咎。

民國史料 16

復興贅筆：
蔣介石事略稿本補遺

Supplements of the Chiang Kai-Shek's
Chronological Events

原　　著　孫　詒
編　　者　民國歷史文化學社編輯部
總 編 輯　陳新林、呂芳上
執行編輯　李佳若
文字編輯　林弘毅、詹鈞誌
美術編輯　温心忻

出 版 者　開源書局出版有限公司
香港金鐘夏慤道 18 號海富中心
1 座 26 樓 06 室
TEL：+852-35860995

民國歷史文化學社
10646 台北市大安區羅斯福路三段
37 號 7 樓之 1
TEL：+886-2-2369-6912
FAX：+886-2-2369-6990

銷 售 處　添流成文化 股份有限公司
10646 台北市大安區羅斯福路二段
37 號 7 樓之 1
TEL：+886-2-2369-6912
FAX：+886-2-2369-6990

初版一刷　2020 年 1 月 31 日
定　　價　新台幣 370 元
港　幣 100 元
美　元　14 元
I S B N　978-988-8637-50-8
印　　刷　長達印刷有限公司
台北市西園路二段 50 巷 4 弄 21 號
TEL：+886-2-2304-0488

封面書法字來源出處：
中華民國國家發展委員會，CNS11643 中文標準交換碼全字庫
網站，http://www.cns11643.gov.tw